国际贸易经典译丛·简明系列

国际知识产权

（第三版）

卡拉·希比（Karla C. Shippey, J.D.）／著

倪晓宁　王丽／译　倪晓宁／校

A Short Course in International Intellectual Property Rights

（3rd Edition）

中国人民大学出版社

·北京·

目 录

国际知识产权（第三版）

导　言

为了从最好的角度来阐明创作者对其作品的垄断权这一无形概念，有关国际知识产权的入门课程便应运而生。

□ 为何要阐明?

知识产权保护、对于知识产权所有者和贸易者的法律限制以及他们对于知识产权的交易，催生了专门的立法、司法和管理部门以及私人商业注册和保护机构。当然，律师事务所也增添了具有知识财产专业知识的律师部门。然而，对于只想获利的一般商人来说，这些意味着什么？本书第一章简要描述了知识财产究竟是什么，第二章对此进行了简要回答，本书的其余章节就是通过知识财产获利的指南。你可以看到强调和突出问题的边栏，制定决策和进行记录时可随时查阅及使用的一览表，介绍不同国家和法律体系的专栏，对常见知识财产术语的法律含义进行规范解释的词汇表。

□ 为何担心这种无形资产?

经营的目的就是赚钱。货物、设备、建筑和其他财产都属于公司资产。在快速变化的市场中，你花费了大量的时间和劳动来确保以有竞争力的价格获得优质足额的产品。你有计划，并且你的计划正在带来（或即将带来）收益。你微笑服务，顾客满意，但你是否忘记了什么？

知识财产的价值。名称里有什么？新的方法和流程中有什么？发明里有什么？网页和软件展示中又有什么？一旦提出并公布了你的创意，它就成为公司的支柱，因为正是这种创意能够抢占市场份额并吸引越来越多的回头客。在吸引眼球的新衣服设计中、在装了新香水的有超凡外形的瓶子中、在香水自身的配方中、在刚刚完成的歌词和乐谱中以及在你所发明的印在信纸上的标志和名称中都存在价值。如果你不能保护作品中的权利，其他商家就会剽窃你的创作，使消费者对谁提供了产品或服务感到困惑，最终损害你的销售量和市场份额。

□ 此 "IP" 术语究竟什么意思？

在美国和西欧常见的法律用语中，"IP"是指"知识财产"（intellectual property）。作为一名美国律师，作者使用这个术语表示任何人运用自己的智慧可能创造出的所有类型的作品，并且假设此作品有商业价值。作者赋予"知识财产"最广泛的含义，既包括传统观念上的商标、著作权和专利，也包括所谓的工业产权（与市场价值相关的具体无形创作，如商业名称、商业机密、商业外观设计、商业装潢、工业制图和设计、地理标志、公司手册和方法论）。此外，作者所指的"知识财产"也包括那些随法律不断完善，法律保护可延伸到的其他类型创作，如人种生物学知识产权，互联网和软件的知识财产设计权，有关气味、声音和三维图形的知识产权。

□ 世界上谁了解知识产权？

作为美国律师，作者承认偏向于有相当完善知识产权法的美国和以习惯法为基础的其他国家和地区（例如，加拿大、英国、新加坡、中国香港、南非、澳大利亚）。然而，作者清楚地认识到世界上的多元文化和众多国家形成了各种法律体系，因此国家之间对待知识产权的方式截然不同。在一些地方，不存在无形财产这个概念，因此不会认可知识产权。有些地方取消了私人所有权或对其进行限制，而倡导政府和公众所有，那么在这些地方的知识产权就被认为是公开的。在许多国家，虽然实行知识财产法已经数十年了，但没有按照现行的商业惯例对其进行更新，或者即使修订了法律，仍将非传统的知识产权排除在外。随着在双边、地区或多国贸易峰会和贸易协定中各种经济和政治利益的交融，众多国际活动也正在影响国家知识财产法及其实施。

作为商人，你应该清楚会影响到自身知识产权的国内外因素。当前你对知识产权做出的决定会从根本上影响你在全球市场上的未来收益。这个决定的直接表现是创建和保护知识产权所花费的劳动和成本，间接表现是对有商业价值、明显有助于公司获得世界认可的知识财产的开发。因此，作者尽力通过国际视角来描述知识产权，但其中的某些观点可能还不适合某个特定国家。你必须向律师咨询，以确保充分了解处于特定情况的知识产权。

□ 此"入门课程"会告诉我需要了解的所有内容吗？

作者并没有声称会告诉你有关知识财产的全部内容，你肯定需要寻求包括律师在内的其他资源来解决特定情况下的问题。知识财产领域纷繁复杂，并且法律条文相当多。人们已经对每种知识财产写了成卷的条文，并且国家之间的知识产权法也迥然不同。因此，这本简短的指南不可能对世界范围内的知识财产法及其实施的所有细微差别进行详尽的解释。

但是，作者考虑得很周全，让你注意到了需要了解的问题，以便你在了解知识财产利益后能有针对性地提出问题。虽然作者自始至终都在尽力为你提供实用操作指南，但你还应同时获得权威的法律建议。正如丛书名所指的，本书是"入门课程"。

□ 随便说点

表格、表格还是表格。律师喜欢书面协议，并且你会在这本书中找到很多书面协定。由于本书的范围是知识产权且受篇章所限，作者特别列出了与知识产权有关的表格。尽管在某些情况下，这些表格会作为条款或章节并入比较全面的协议中，比如分销合同、出售整个公司的协议。在表格的选取上，作者关注那些商业贸易者最可能使用或核查的表格形式。但是，完成或准备表格通常是法律顾问的工作，如知识产权注册申请书就没有包括在内。为帮助你获取此类表格，你会在本书的最后找到所列出的参考资料。

作者已经竭力避免"法律术语"，遗憾的是，在样本表格中为标明替代用语，一些法律用语是必需的，但它们并不是表格的组成部分。方括号里面是替代用语，方括号里面的圆括号内容则是增添的代用语。括号中带有下划线的部分为需要进一步补充完成的说明。两个词或多个词之间的斜线表明你应该依据特定的情况选择其一。

知识产权基础

理解知识产权

知识财产是智力的产物，因此有别于一般意义上的"财产"。像土地、房屋、汽车、衣服，甚至你的帽子都属于有形财产，它们是看得见摸得着的财产，你可以拥有和出借它们，可以将其所有权暂时或者永久转让给他人。你可以通过目视和测量，通过翻找土堆、木头、车轴、引擎或纤维，判断有形财产的商业价值。你可以将其与其他类似有形财产进行价格比较。

□ 无形财产权

在用有形方式进行展示前，智力创造的成果除创作者本人外，无人能感受其存在。此时，这一成果只存在于创作者的大脑中，只对创造者有价值，属于无形财产。几百年来，法律并不承认或保护创造中产生的无形财产权利。对于是否保护、如何保护和衡量创意及创意的表现形式，立法者和法院也曾陷入僵局。

随着启蒙时代的曙光来临，欧美经济社会中涌现出许多发明家、作家、作曲家、出版商和表演者。此时，西方的政治和经济社会同时意识到，对创造中蕴涵的无形权利应该进行审核和保护，法律应该对创造者具有市场价值的无形财产权，如所有权、出版权、经销权、出售权、交换权或出租权予以承认。也就是说，具有市场开发价值的创意仅指那些只能由创造者本人而非他人利用创意来表现的情况，或者说，无形产权的市场开发价值来自创造者对其的垄断。

有形财产权早就得到法律承认并已发展出成熟的法律，相对而言，认可创造中包含的财产权是较新的观念。创造中的财产权首先得到了欧洲和北美国家以及那些受其政治力量影响的国家承认，但当时世界大部分地区并不认可这种财产权。事实上，被西方政府认为是侵犯知识产权的行为，在那些视创造过程为全体人民权利的国家并不犯法。目前，许多此类国家已经通过了保护知识产权的法律，但因为大众的观念仍然与对知识产权的认可相左，所以在这些国家实施知识产权保护仍是一件非常困难的事情。

目前，无论在世界何处从事商务活动，对于创造中的无形知识产权，你都应该意识到其中涉及的立法和司法解释、保护和限制，无论它们是得到了正常的发展还是受到了扭曲。另外，一定要谨记公众对知识产权的看法，这种看法可以影响你选择市场和实施知识产权的决定。

□ 垄断是"贬义"词吗?

"垄断"就意味着专有权、占有或者控制。因此，如果你拥有一英亩土地的全部财产权利，那么你拥有专有权或者说垄断权——决定谁能够进入或者穿越这块土地、谁可以使用这块土地以及如何利用这块土地。这个概念本身并没有"坏"的意思。

在知识产权的语境中，垄断是非常好的事情，尤其当你是创作者，即你是垄断权的拥有者时。如果创作者在创作中没有垄断权，那么这个作品就没有或者几乎没有商业价值。如果你已经设计或者建造了一个高尔夫球场，那么你对这个设计拥有垄断权，在你自己放弃垄断权之前，应该没有人能获准在另一个场地重现你的设计或者对其进行拍照并进行商业传播。如果你在帆布上一丝不苟地以自己创造性的方式泼洒颜料，那么在你放弃自己的知识产权之前，你对何地可以展出油画以及谁可以拍摄作品就拥有了专有权。作为创作者，你从垄断权获得的利益由法律授予。假设你想从创作中获利，请先确定你的知识产权（即你的专有财产权）受到了保护。

垄断权的另一个方面——在财产中包含的权利——可被滥用到对个人或公众产生危害。垄断可以造成一个人排除所有的竞争控制整个市场。如果你想从他人的创作中获利，那么事实就是，创作中垄断权的存在阻碍了你的想法。你需要购买那些知识产权、得到许可证或者其他使用授权，否则，由于你的使用是对创作者知识产权的侵权，因而创作者可以起诉你。

是否允许垄断权存在，这通常一个难题。在许多文化和国家中，垄断没有受到管制。而在颁布法律控制垄断的地方，垄断权只是受到限制，而不是被消除。例如，土地拥有者对这项财产的使用拥有专有权，但如果这种权利的使用造成了引人注目的麻烦事或者危险的情况，则可能受到限制。类似地，创作者被允许拥有创作中的垄断权，但如果此人停止使用知识财产或者没有保护好知识产权，那么将无法阻止他人使用这个创作。

由于认为在自由竞争中垄断不利于公众的整体利益，知识产权并不被看做自然的基本人权，因此这样的权利基本是由法律建立。在没有法律要求时，法庭保护知识产权的范围是非常有限的，而且知识财产的法律权利也因此受到限制。管制知识财产的法律通常会规定一个以年计算的固定期限，在期限内准许存在知识财产的垄断权。在一些例子中，这个期限可以延长，典型的情况是展示知识财产在司法管辖权范围内仍在使用。通过驳回对那些非特有的、描述性的、不是发明或者不是新发明的知识财产专有性的认定，法律也对知识产权的垄断进行限制。

定义传统知识产权的形式

专利、著作权和商标是首先得到法律认可的知识产权。由于这些权利拥有更古老的历史，大部分人在想到知识产权问题时会首先想到它们。这三种无形财产权利相当不同，但也有几处共同点。本书对这三种权利的定义非常宽泛，因为国与国之间的定义不同。在你寻求知识财产保护的国家中，最根本的事情是检查该国适用的知识财产的具体规定。

> **传统知识财产的形式：简明对比**
>
> 尽管概括各国的法律比较困难，下面的要点仍可为理解专利、著作权和商标的异同提供一个框架：
>
> **专利保护**
>
> 1. 发明（任何东西、过程或想法）。
> 2. 目前还没有广泛地为人所知（新奇）。
> 3. 无需太多的技巧或装置，即可还原成有形形式或以有形形式使用。

4. 对社会有价值、有用。

5. 由发明者构思出或者发现。

6. 保护期有时期限制。

版权保护

1. 对想法的原创表达（不是抄袭）。

2. 是创作性的生产。

3. 固定在有形媒介中（例如纸、磁带、磁盘、油画布、木头、金属、黏土）。

4. 保护期有时期限制（通常是创作者在世的时间加上 50～70 年）。

特别重要的概念："表达"与"想法"。著作权不保护"想法"，只保护"表达"。

商标保护

1. 一个字、词组、标识、符号、形状或者标签。

2. 出现在商业活动中时，成为辨认创作者所提供的商品或服务的与众不同的标记。

3. 通常用于将商品或服务从其他人或其他商务活动提供的同类商品中区别出来。

4. 保护期没有时期限制（在有效期结束之前可以延期或续订）。

特别重要的概念：商品或服务的类别。与著作权和专利不同，所授予的商标权只与商标拥有者声称的特定商品或服务有关。对著名商标来说可以有例外，但这种例外仅当争议中的商标在特定国家被承认时才成立。因此，当用做鞋子商标的 adidas® 被其他公司用做烟草商标时可能并没有侵权，除非法院的裁决认为这是驰名商标并且对其保护进行了备案，而不考虑对应的是何种商品或服务。

第 1 章

知识产权基础

□ 专利

■ **定义**。对"专利"的定义如下：①由法规授予的专有权；②授予构思出或者发现的当事者（发明人）；③非显著性发明和新颖发明；④为了使用和开发这个发明；⑤为了阻止其他来自制造、出售或者使用该发明产生的问题。可授予有期限限制的专利权，期限长短根据发明类型和注册地法律等不同因素而不同。专利有效期一般从 14 年到 20 年不等，通常不能延展有效期。

■ **法规权利**。专利权必须依法授予。如果一国没有专利法，该国就无法授予专利权。商标和著作权能从法庭的主张中得到部分保护，与此不同的是，专利权及其保护完全依赖法规。因此，可以注册成专利的发明类别取决于一国法律。一定要向当地法律顾问核实，在你寻求发明专利权的国家，其法律是否允许授予你该类型的发明专利。

下面的专利类型在专利法高度发达的国家中是常见的类型：

◇ 实用专利授予能够归入下列一个或多个分类的发明：生产工艺、机器、制造、物质构成或改进了上述某分类中的现有概念。

◇ 外观设计专利授予新颖的设计，这种设计本身是非功能性的，但又是有功能的制造品的一部分。例如，针对移动电话的新设计没有提高电话功能，但赋予了产品新的形象，因此可以归入外观设计专利。

◇ 植物专利授予可生长的植物新品种，无论这种植物是有性繁殖还是无性繁殖（例如一种花）。

■ 创意或发明。发明必须通过发明者身上某种创造力来构想出或发现。因此，如果发明者"发现"一个之前就存在的自然物质，那么这个发现不可能获得专利保护。但是，如果发明者创造性地找到一种方法来利用或改变自然物质，以至于开发出一种新的有用的应用，那么这个发明可以受到专利保护。假定要付出更多努力来减少其实施，例如通过递交专利权申请或者构建一种工作模式，那么得到创意和发现的第一天，就是发明的日期。

■ 非显著性发明和新颖发明。仅当一个发明是新颖的和非显著性的，才能被授予专利。"新颖"意味着发明必须给出新的进展，而"非显著"意味着在发明的具体领域，当从常人或普通技术角度考虑时，发明必须提供一种令人惊讶的或者未预期到的进展。换句话说，发明必须产生既新颖又未曾预料到的结果。

专利审核者通常要针对专利是否具有新颖性和非显著性做出决定。出于这个目的，专利会被指定给一个审核者，此人在发明所属的具体领域有足够的专业经验，了解或者能够评述当前的发展水平。由于有关专利的决定基于客观因素做出，通过保证自己的专利应用经过了仔细和巧妙的设计，清楚地陈述现有技术发展水平、为什么发明增加了一些新东西以及为什么新的添加得到了令人惊讶的或者不曾预期到的结果，你应该向审核者提供所有可能的帮助。

■ 使用、开发和侵权。一旦被授予专利，当其他当事方寻求你的准许来获得发明的生产许可时，专利的价值是显而易见的。你拥有专有使用权利，至少在专利的有效期限内是这样。此外，针对任何未经许可使用你发明的人，你都有权强制执行专有权。记住支付专利注册维护费（即专利年费）很重要，这个费用可以定期维护你在注册处的专利，否则你的专利权将过期，而且该发明将能被公众获得并使用。对维护知识产权价值的更多讨论，参见第6章。

□ 著作权

■ 定义。"著作权"是著作权所有者对一段原创表达或者创造性工作拥有的专有权，通常叫做"原创作者作品"。为了能够得到著作权保护，这段表达必须是：①原创的；②运用某种创造力完成或构思出；③固着在一种有形媒体上。著作权通常适用于能够用下列特征之一进行描述的作品：文学、戏剧或表演、视听、音乐、图像或者美术。著作权拥有有限的有效期，通常是作者的一生再加上 50~70 年，具体取决于司法管辖地、出版日期和作品类型。

在大部分国家，可以寻求下列类型作品的著作权：

◇ 集体作品包括合在一起创作一件作品的几个作者的独立工作，可就作者对作品的贡献单独打分。被包括进来的作品可能属于公共领域，但如果不是的话，作品每个部分的著作权所有人必须在集体作品中认可其各自完成的部分。集体作品的作者们对创作的表达拥有著作权——对创作的组织、选择和设计——而不是对每个作品本身拥有著作权。如果各自的贡献无法用新颖的方式呈现，就不能得到著作权的保护。这样的例子有百科全书和选集。

◇ 编辑作品包括以新颖的方式选择、搜集和展现先前存在的材料、作品和信息。表达是作者的原创表达，受到著作权的保护。编辑作品比集体作品具有更宽泛的含义，因为在编辑作品中，不只是作者们单独的创作得到表达，许多不同类型的材料和信息也能得到呈现，因此集体作品只是编辑作品的一种形式。例如，一本贸易年鉴包含世界各国的地理、人口、市场、文化、经济、法律和政治历史，还包括独立作者给出的有关跨国贸易商业实务诀窍的单独创作，这就是编辑作品。

◇ 衍生作品是基于先前拥有著作权的旧作品的新创作。衍生作品必须包含足够的原创工作以产生新作品。这样的例子有书籍的翻译、基于小说的剧本、旧歌的翻新和书籍的删节版。创作和保护衍生作品的权利被包含在原始作品的专有著作权中，因此只有原创作者才有权利创作衍生作品。作者也可以通过授权许可将这种权利转移给他人或者转让给他人。如果几个作者创作了一个作品中的不同部分，随后决定将他们的工作合成一个作品，那么在这样的情况下，衍生作品就是共同执笔的。

◇ 纪实作品是非幻想的包含公共领域事实的作品。纪实作品中的观点和数据不能被授予著作权，但其表达可以得到著作权保护。

◇ 雇用创作是指由雇员在雇用活动中创作的作品或者由自由作家在表明作品是受雇创作的写作合同约束下创作的作品，假定作品符合下面的条件之一：地图集、试卷、试卷的答题材料、介绍性文本、译文、追加作品、选辑、影视剧本或动作片中的其他部分或视听作品，或者是集体作品中特别订购或委托的部分。雇用创作的著作权属于雇主或者委托创作的当事人。

■ 原始表达。为了得到附属的著作权，作品必须是作者或者艺术家的原始创作。已成为公共领域一部分的事实、观点和作品就不再是"原始创作"，除非作者在其中增添了他或她自己的创造性表达。如果作品是从另一个人的作品中复制而来，这个举动一般叫做剽窃，剽窃不是原创，新作者也因此不能要求著作权。

提示 👉 ════════════════════════════════

著作权只保护表达，而不是思想或者观点本身。这是一个必须得到清晰理解的重要特征。例如，本书的作者可以写下这本书，同时不侵犯已经出版了有关知识产权书籍的其他作者拥有的著作权。为什么会这样呢？因为思想和观点不能变成受著作权保护的部分。因此，假定表达知识产权内容的时候没有完全复制或者使用类似样式、组织方式、内容安排、格式或仍受著作权保护的先前出版书籍上的文字，本书作者不会侵犯先前的著作权。

════════════════════════════════

■ 创造力。作品创作中必须包含一些作者和艺术家的创造力。没有什么固定不变的规定可以采用，但一个创作中不包含任何人类智力的作品，不可能得到管理部门或者司法机关对著作权的认可。

■ 有形媒介。在附加上著作权之前，创作性作品必须固着在有形媒介上。这个要求说明以下事实，即只有观点的表达可获得著作权，而不是观点本身。因此，在观点被表达到一个有形媒介之前，不存在什么著作权。

在许多国家，著作权在其表达被固着在有形媒介的那一刻产生，而且无须通过注册要求即可获得著作权的专有权利。一旦作品以有形形式表达出来，著作权就作为作品中的特权或权利以法规的效力存在。例如，当一个作者在纸上打出了一本书的草稿，或者已经把书稿保存在计算机磁盘中，那么此时的创作工作就受到著作权的保护。同样，当一位音乐家为创作写出了配乐，该配乐就受到著作权的保护。

如果著作权通告，如"© 2010，由 Karla C. Shippey 创作"，在表达被固着在有形媒介上时没有包含在内，那么在有些国家就会失去著作权，注意到这一点是非常重要的。对通告的要求因国家不同而不同。常规做法是，必须以合理的方式和位置放置声明著作权的通告，比如放在一本书的"封底"位置。

□ 商标

■ 定义。如果你记得"商标"这个词由"商"和"标"两个字组成，你就能很快理解商标的概念。首先，一个"标"可以是任意的词、字母、符号或者任何上述东西的组合。越来越多的国家拓展了"标"的定义，把气味、声音和三维形状包含在内。其次，一个"商标"是一个标识：①被用于商业中（因此是"商"）；②作为辨别由商标所有人提供或生产的商品和服务；③从其他商人的商品和服务中区分出商标所有人的商品和服务。一旦商标被注册，可对注册定期进行无次数限制的延期（通常每隔10~14年）。

对各种不同类型商标的认可取决于国家的法律。最常见的情况如下所列：

◇ 相关商标是指一种商标与其他待定或已注册商标相同或相似的情况，两种商标同时使用时，其相似程度可能使公众因此受骗或发生混淆，除了这两个商标属于同一财产所有者并被注册用于相同商品和服务这种特例外。在这样的例子中，商标所有者在注册时可能要声明这两个商标是互相联系的。例如，如果一个人拥有词语商标"REKEL"的注册并用于软饮料，同一个人也可被准予使用包含同样单词"REKEL"并用于软饮料的图案标识注册，假定第二个商标注册和第一个有关系。

◇ 认证商标向公众表明，印有认证商标的商品或服务具有某种特点和质量，满足由商标所有者设计的具体标准。这些标准可以包括来源地区、制造方法或者商品或服务的质量。例如，"优秀家用品奖章"就是一个认证商标。这类商标不能转让给其他人或者其他公司。

◇ 系列商标是指许多由一个财产所有权人声明权利的相似商标。这些商标虽然类似但是不同，意味着它们只是在诸如颜色上有少量不同，用最小的改变展现了不同的版本（例如MACH1、MACH2和MACH3），或者在其使用上有相似性但又不是相同的商品或服务。每个商标都可以得到单独注册的保护，假设注册说明规定这些商标是彼此关联的系列商标的一部分。

◇ 防御商标在以下情况可以被注册：当一个财产所有人的标识已经变得如此知名，以至于如果它被其他人用于出售商品或服务，而不是由财产所有人出售商品或服务，那么公众很可能受到欺骗或因此发生混淆。在这样的情形下，为了保护他或她的标识与众不同的特征，允许财产所有人为其事实上并不提供的商品或服务注册防御商标。

◇ 有色商标是一种标识，该标识受到注册的限制，只能使用注册声明中的特定颜色。如果一个标识注册成黑白两色并且不涉及色彩限制，那么可以认为该标识对所有颜色都有效，因此财产所有人可以自由地改变所印商标的颜色。

■ 使用。商标在商业中的使用很重要。在许多国家，不存在商标注册问题，某个单独使用的商标即可创造出商标中的知识产权。如果一个商标由于不够独特不符合注册要求，那么可以通过在商业中的使用实现独特性并因此符合注册要求。在一些国家，不考虑商标是否已由他人在世界其他地方使用并注册过，在商业中第一个使用商标的当事人将得到商标中的知识产权。

一些国家，例如美国，在没有给出商业使用证据之前，不会颁布商标注册。许多国家（柬埔寨、加拿大、中国、老挝、土耳其、美国和其他一些国家）要求商标所有人在注册期间或申请延长有效期时递交使用证据。在大部分国家，未用于商业的商标可以取消，对使用相同或类似商标感兴趣的第三方可以递交取消申请。

■ 独一无二。除非一个标识可以从其他贸易者的商品或服务中区分出商标所有人的商品或服务，否则一个标识就不是"商标"。这个概念看起来很简单，但由于其中包含这么多的因素，如选择一个满足全世界注册要求的标识变成了世界上最难的事情，以及知识产权保护中的时间耗费和成本耗费难题，这个概念是含糊的。一般说来，如果标识是描述性的、通用的、与先前同样或相似商标存在冲突，或者包含任何被禁止或被保留的内容（例如政府的徽章、旗帜或者口号），标识中的专有权就不能得到保护，标识也不能注册成商标。有关商标选择和注册的更多细节，参见第6章。

■ 商品或服务的区别。除了一些例外的国家（比如加拿大），商标所有人必须详细说明使用该商标识别的商品或服务。在大多数国家，商标要符合商品或服务的分类系统（尽管一些国家不认可用于服务的商标）。国际分类系统起初采用《尼斯协定》，法国最常采用，但一些国家仍保留它们自己的分类系统。用于海关和关税的商标分类系统在分类概念上类似。

在许多国家，"服务标识"一词是指用于服务的商标。在其他国家，采用"商标"一词时并未考虑是否对商品或服务进行区分，如果需要的话，就使用词组"商品商标"和"服务商标"。

提示

为了避免多余的术语，从这里开始，作者将按惯例采用术语"商标"来涵盖贸易和服务标识。同样，由于全世界对"商标"一词的使用和对"商业标签"的使用不一致，本书将按美国惯例使用"商标"一词，故对非美国贸易者表示歉意。

商标的分类系统

商标注册通常与商品或服务的具体分类有关，这种分类是准予商标所有者垄断的一种限制手段。因此，商标所有者用于标识的专有权通常被明确限制在所有者自己的商品或服务上。在 20 世纪前叶，各国开始开发自己的国家分类体系，导致对知识产权的保护变得如此复杂和混乱，以至于演变成间接贸易壁垒。

因此，1957 年各国代表在法国尼斯会面，采用了目前有很多叫法的《尼斯协定》、《尼斯公约》或者《商品和服务的国际分类》。大部分国家坚持采用国际分类，这个分类会定期进行回顾和修订。为了迎合各国的本地偏好，《尼斯协定》允许各国在某种程度上改变国际分类，因此你应该向当地的法律顾问核实，以确保为自己的商标注册选择了正确的分类。

□《商品和服务的国际分类》（《尼斯协定》）

■ 商品种类。

类别 1　用于工业、科学、摄影、农业、园艺、森林的化学品；未加工的人造合成树脂、未加工的塑料；肥料；灭火用合成物；淬火和金属焊接用制剂；食品防腐用化学品；鞣料；工业用黏合剂。

类别 2　颜料、清漆、漆；防锈剂和木材防腐剂；着色剂；媒染剂；未加工的天然树脂；画家、装饰家、印刷工和艺术家用金属箔及金属粉。

类别 3　洗衣用漂白剂及其他物料；清洁、抛光、去渍及研磨用制剂；肥皂；香料、精油、化妆品、洗发水；牙膏牙粉。

类别 4　工业用油及油脂；润滑剂；吸尘、喷洒和黏结灰尘用品；燃料（包括马达用的汽油）和照明材料；蜡烛和灯芯。

类别 5　医用和兽医用制剂、医用卫生制剂；医用营养品、婴儿食品；膏药、绷敷材料、填塞牙孔和牙模用料；消毒剂、消灭有害动物制剂、杀真菌剂、除锈剂。

类别 6　普通金属及其合金；金属建筑材料；可移动金属建筑物、铁轨用金属材料；非电力缆索和普通金属线；五金制品、小件五金用品；金属管道；保险箱、不包含在其他类别中的一般金属制品；矿石。

类别 7　机器和机床；电动机和发动机（陆地车辆用者除外）；机器连接和传动组件（陆地车辆用者除外）；农业工具、蛋类孵化器。

类别 8　手工用具和器械（手工操作的）；刀叉餐具；佩刀；剃刀。

类别 9　科学、航海、测量、电气、摄影、电影、光学、衡具、量具、信号、检验（监督）、救生和教学用具及仪器，用于声音和图像的记录、转换和复制的器具；磁性数据载体、录音盘；自动售货机和投币激活装置的机械结构、收款机、计算器、数据处理装置和计算机；灭火器械。

类别 10　外科、医学、牙科和兽医用仪器及器械、假肢、义眼和假牙；整形用品；缝合用材料。

类别 11 用于照明、加温、蒸汽、烹调、冷藏、干燥、通风、供水及卫生用途的装置。

类别 12 车辆；海、陆、空运载器。

类别 13 火器、军火及子弹；爆炸物；焰火。

类别 14 未包含在其他类别中的贵重金属和合金以及未包含在其他类别中的贵重金属制品或镀有贵重金属的物品；珠宝、宝石；钟表和计时仪器。

类别 15 乐器。

类别 16 未包含在其他分类中的纸、纸板及其制品；印刷品；装订用品；照片；文具用品；文具或家庭用黏合剂；美术用品；画笔；打字机和办公用品（家具除外）；教育或教学用品（仪器除外）；包装用塑料物品（未包含在其他分类中的）；印刷铅字；印版。

类别 17 橡胶、古塔波胶、树胶、石棉、云母以及由这些原材料制成但不属于其他类别的制品；生产用半成品塑料制品；包装、填充和绝缘用材料；非金属软管。

类别 18 皮革及人造皮革以及不属于其他类别的皮革及人造皮革制品；动物皮、兽皮；箱子及旅行袋；雨伞、阳伞及手杖；鞭子、马具和鞍具。

类别 19 非金属的建筑材料；非金属建筑用刚性管；石油沥青、地沥青及焦油沥青；可移动非金属建筑物、非金属纪念碑。

类别 20 家具、玻璃镜子、镜框；由木、软木、苇、藤与竹、柳条、角、骨、象牙、鲸骨、贝壳、琥珀、珍珠母和海泡石这些材料制成及其代用品制成的或由塑料制成的物品（未包含在其他类别中）。

类别 21 家庭或厨房用具及容器（非贵重金属所制，也未镀有贵重金属）；梳子及海绵；刷子（画笔除外）；制刷材料；清扫用具；钢丝绒；未加工或半加工玻璃（建筑用玻璃除外）；不属其他类别的玻璃器皿、瓷器及陶器。

类别 22 缆、绳、网、帐篷、遮篷、防水遮布、帆、袋（未包含在其他类别中）；衬垫及填充料（橡胶或塑料者除外）；纺织用纤维原料。

类别 23 纺织用纱、线。

类别 24 未包含在其他类别中的布料及纺织品；床单和桌布。

类别 25 服装、鞋、帽。

类别 26 花边及刺绣、饰带及编带；纽扣、领扣、扣针及针；假花。

类别 27 地毯、草垫、席类、油毡及其他铺地板用品；非纺织品墙帷。

类别 28 游戏用品及玩具；未包含在其他类别中的体育及运动用品；圣诞树装饰品。

类别 29 肉、鱼、家禽及野味；肉汁；腌渍、干制及煮熟的水果和蔬果；

果冻、果酱、蜜饯、蛋、奶及乳制品；食用油和油脂。

类别 30 咖啡、茶、可可、糖、米、木薯淀粉、西米、咖啡代用品；面粉及谷类制品、面包、糕点及糖果、冰制食品；蜂蜜、浓糖浆；鲜酵母、发酵粉；食盐、芥末；醋、酱油（调味品）；香料；饮用冰。

类别 31 农业、园艺及林业产品及未包含在其他类别中的谷物；活的动物；新鲜水果和蔬菜；种籽、草木及花卉；动物饲料、麦芽。

类别 32 啤酒；矿泉水和碳酸水以及其他不含酒精的饮料；水果饮料及果汁；糖浆及其他供饮料用的制剂。

类别 33 含酒精的饮料（啤酒除外）。

类别 34 烟草；烟具；火柴。

■ **服务种类。**

类别 35 广告；商务管理；商业行政；办公室职能。

类别 36 保险；财务；金融事务；房地产事务。

类别 37 建筑；修理；安装服务。

类别 38 电信。

类别 39 运输；货物包装及贮存；旅游安排。

类别 40 材料处理。

类别 41 教育；提供训练；娱乐；体育及文化活动。

类别 42 提供食物和饮料服务；临时住宿；医疗服务；人或动物的卫生和美容服务；兽医和农业服务；法律服务；科学和工业研究；软件的设计与开发；不能归入其他类别的服务。

□ 采用国际分类的国家和地区

阿尔巴尼亚、阿根廷、澳大利亚、奥地利、巴巴多斯、白俄罗斯、比利时、贝宁、玻利维亚、波斯尼亚和黑塞哥维那、巴西、柬埔寨、中国大陆、哥斯达黎加、克罗地亚、古巴、捷克共和国、丹麦、萨尔瓦多、爱沙尼亚、芬兰、法国（含海外省和领土）、德国、希腊、危地马拉、匈牙利、冰岛、印度、印度尼西亚、爱尔兰、以色列、意大利、日本、韩国、朝鲜、吉尔吉斯斯坦、老挝、拉脱维亚、黎巴嫩、列支敦士登、立陶宛、卢森堡、马拉维、墨西哥、摩尔多瓦、摩洛哥、缅甸（告诫通知）、荷兰、尼加拉瓜、挪威、波兰、菲律宾、葡萄牙、马其顿共和国、罗马尼亚、俄罗斯联邦、新加坡、斯洛伐克、斯洛文尼亚、西班牙、苏里南、瑞典、瑞士、中国台湾、塔吉克斯坦、泰国、特立尼达和多巴哥、突尼斯、土耳其、乌克兰、英国、美国、乌拉圭、委内瑞拉、南斯拉夫。

安圭拉岛、多米尼加共和国、伊朗、索马里。

□ **无服务标识注册的国家和地区**

阿尔巴尼亚、安圭拉岛、安提瓜岛、巴哈马群岛、孟加拉国、塞浦路斯、多米尼加共和国、斐济、冈比亚、加沙地区、加纳、希腊、几内亚、印度（颁布法令但出版时无效）、伊朗、伊拉克、爱尔兰、牙买加、约旦、肯尼亚、利比亚、马拉维、马耳他、毛里求斯、蒙特色拉特岛、荷属安的列斯群岛、尼日利亚、巴基斯坦、波兰、卢旺达、圣基茨和尼维斯、圣卢西亚岛、塞舌尔、塞拉利昂、所罗门群岛、索马里、苏里南、坦噶尼喀、汤加、特立尼达和多巴哥、特克斯和凯科斯群岛、乌干达、西萨摩亚、赞比亚、桑给巴尔。

定义非传统知识财产的形式

　　今天的知识财产正以狂热的开发和演进方式冲破传统的边界。无论从一个智力创作中找出什么价值，就会有人寻求获取其中的专有权。在对那些专有权缺乏保护的时候——实际上，连受限制的垄断权都没有的创作——知识追求和努力就变成了公众财产，这对梦想家也许没问题，但对实业家而言就没有任何价值。知识产权可以扩展到多远，受到两方面的制约：人类智力的创造能力以及对不同创造性努力中的财产价值进行认可的社会、立法者和法庭的愿望。

　　对知识产权的认识总是在进步，目前的知识产权扩展到保护贸易秘密、商业名称、品牌名称、传统知识、域名、网站截图、商业方法以及不同的可出售的味道、气味以及声音。事实上，任何对市场（即对全球市场）产生了产品价值的知识追求，都应该被看做知识财产。如果你的创作处在权利认可的最前沿，那么耐心一些。社会和法律将赶上你，可能更快而非更迟地形成放宽知识产权限制的国际潮流。

知识产权保护具体创作的表格

　　下面的表格提供了受传统知识产权（专利、著作权、商标）保护的创作的一般性分类指南，括号中的内容仅用来举例说明可以归入这个分类的创作。有趣的是，有些创作可以接受一种以上知识产权保护，这种双重保护对强制执行目的而言具有特别的优势，参见第6章和第10章的讨论。

创作	专利	著作权	商标
艺术作品（素描、绘画、摄影、雕塑、漫画、蚀刻、彩色玻璃镶嵌、陶艺）		×	
视听作品（录像带、电影、电视节目、纪录片）		×	
商业作品（广告语和素材、公司名称、品牌名称、杂志名称、商品和服务名称）		×	×
计算机程序	×	×	
外观设计发明（衣服、纺织品和地毯图案，没有配件和器具功能的形状、容器和盖子）	×	×	
平面作品（建筑和工程设计图，工业流程图，为诸如衣服、珠宝、小地毯、金属构件、墙纸和漫画等商品进行的设计）		×	
文学作品（书、文章、索引、实际参考指南、时事通讯、戏剧表演、诗歌、翻译）		×	
音乐作品（录音、乐谱）		×	
表演作品（舞台剧、电视剧、电影、广播节目）		×	
园艺发明（新品种玫瑰、品种改良后的蔬菜和水果）	×		
实用发明（生物成像、计算机硬件、化学公式和处理过程、药、医疗设备、工具、机器、运动器材、电子线路）	×		

■ **商业名称。** 商业所有者使用的、用以辨认商业实体并将其从其他商业所有者公司中区分出来的独特名字。尽管所有者的商品和服务不必直接使用商业名称，但只要商业名称在商业运作中被经常持续地使用，商业所有者就可以声明对商业名称拥有权利。例如，一个使用POIVRE商标出售香水的公司，可以在包装上加印额外信息，说明自己进口的是亚洲绿虎贸易公司的商品。公司名称是一个商业名称，而非商标，因为公司使用这个商业名称辨识其商业活动而不是产品。

■商业秘密。创作活动和信息汇编就是商业秘密，但只有采取措施维护秘密和阻止公开披露时才真正构成商业秘密，相对其他无法轻易开发出（或者秘密窃取）相同信息的贸易者，这给创作者和编纂者提供了竞争优势。这个术语的含义特别宽泛，举例来说：

◇ 客户名单和邮件清单。

◇ 有关客户特点的信息。

◇ 有关具有前景的商业机遇的信息。

◇ 敏感的营销手册和营销材料。

◇ 价格和费用明细清单。

◇ 供货源。

◇ 商业记录、商业系统和商业实践。

◇ 个人有效信息。

◇ 技术秘诀（如配方、食谱、魔术技巧）甚至创意（如尚未写作的小说或电影的梗概情节）。

如果信息不易独立编撰，将其作为商业秘密处理通常就不够格。例如，满足劳工法律要求对雇员政策进行解释的手册不是商业秘密，同样，满足运输法规要求的手册也不是商业秘密。

商业秘密的重要特征是，其价值取决于保密。与其他没有商业秘密的贸易者相比，商业秘密的拥有者有获得更大市场份额和更高利润的潜力。因此，禁止雇员披露公司商业秘密的合同，已成为当今商业世界中新雇员常规的一部分。

■品牌名称。你给予商品或服务的名称就是品牌名称。在实践中，"品牌名称"和"商标"这两个术语经常互换使用。事实上，品牌名称可以是或者可以变成商标或者服务标识。然而，术语"品牌名称"比商标包含更多的权利。

在一个宽泛的理解中，术语"品牌"是指想要表明被标记物品与做标记的人之间某种联系的标记。因此，肉牛被牧场工人打上标识，同时一系列具有自己商标的不同产品也印上商店标识，以说明其制造来源。那样的标识可能或不可能被注册成商标。所有福特公司生产的小汽车都带有 FORD 标识（同时也是商标），但每辆车也有不同的商标，如 MUSTANG、TAURUS 或者 MERCU-RY。杂货店出售的带有机产品标签的产品没有商标，只有不同的包装，包装上印有直接描述产品的名字。

■商业装潢。虽然知识财产的形式几乎不受法律保护，但法庭经常保护"商业装潢"。这种知识产权形式包含产品的"模样"，即颜色、形状和销售时外观的包装类型。通过模仿对商业装潢进行侵权是相当普遍的问题。例如，你用"MRS. CHIPS"商标出售速冻食品，在棕黄色背景上，顶部用深绿色草体呈拱形拼出"MRS. CHIPS"，拱形字体下面有一张菜肴的照片，冒着热气，看起来非常美味，整个拱形商标被三个分别呈绿色、棕黄色和绿色的同心圆围住。VEGY公司采用一模一样的颜色、一样的草体字型、一样的拱形和一样的同心圆围住它们自己速冻食品诱人的照片，但它们使用商标"MRS. VEGYS"。这产生了争议，由于对方的商业装潢与你的相像，并在市场上引起混淆，因此你将提出侵权索赔。但是，这种商业装潢侵权索赔只能在认可商业装潢权利的司法管辖地进行。

■ 设计。一个"设计"是指任意工业流程或方法采用的形状、布局、图案或者物品装饰，是一种吸引或者仅由眼睛进行判断的特征。这不是指构成的方法或材料，也不是指依赖于产品功能的特征。

过去，设计主要由著作权保护，但设计不一定符合著作权的作品定义。由于这个原因，许多国家已经颁布了专门针对设计进行保护的法律，而且这样做的国家越来越多。

■ 域名。互联网令人敬畏的重要性，产生了新的知识财产类型——域名。这些域名是你创造出来以辨别自己简单小世界的独一无二的地址。经过很短的几年，围绕域名成长出一个完整的产业。研讨会、说客、国际贸易专题、电视和杂志专访、立法委员会、私有企业和公共企业都试图解释、理解和梳理由域名出现产生的海量问题：如何注册和控制使用、谁有权注册、谁有权实施知识产权以及如何保护以避免侵权。法律跟不上技术的发展，技术要度过一段艰难的时间才能跟上激增的域名注册者。域名这个大舞台由此成为对知识产权公共认知和尊重的一场测试。

■ 原产地名称。对于原产地名称是否在事实上具有知识产权，国际上存在着某种困惑，因而在此简要介绍一下这个问题。原产地名称是地理方位的名字，此处用来与商业活动中出售的商品或服务联系，以说明商品或服务在原产地生产。因此，从原产地名称并非来自知识追求以及商业方面新颖和独特创造的意义上来说，原产地名称不是"知识产权"。事实上，大部分国家的知识产权法律禁止将地理方位名字注册成商标和服务标识，这是因为其中有欺骗倾向，也会混淆公众的认识，使其误认为商品或服务由原产地现场生产。此外，原产地名称可以分开注册，这也会引起类似于原产地注册的注册商标使用各方之间的冲突。

■ 传统知识。这是最近得到认可的知识产权形式之一，影响了我们看待各种不同文化对涉及其艺术和习俗进行财产权利声明的方式。土著居民得到所在国和商业社会的支持，正在寻求对其文化艺术、医疗方法和程序以及其他各种类型传统知识的认可和保护。尽管大部分国家的知识产权法律还没有明确包含这种保护，但在国际上形成的趋势是认可这些权利并提供明确保护。

第 2 章　知识产权在国际商务中的作用与价值

为了把创造力转换为有销路的商品并获得正的资金流，对知识产权进行认可是关键。创新对于经济增长至关重要。销售量取决于商品或服务是否有吸引力、有效率、安全、新颖以及可信赖，而这些特性均建立在知识产权的基础上。知识产权是商业中最有价值的资产之一，对其进行保护能促进创新，突出企业及它的商品或服务，提高企业的盈利水平和持续发展能力。

理解知识产权的重要性

□ 把知识产权放到实际环境中

为了在实践中理解知识产权的作用，首先必须领会知识产权法的目的。虽然国与国之间的知识产权法在细节上有所不同，但它们却有一致的根本目的。这也反映在国际协议和地区协议上。宽泛地说，通常知识产权的专有权将根据法律获得准许，具体将实现如下功能：

◇ 规定垄断权，即规定属于知识产权拥有者的、在一定情况下能够转让给他人的专有权。

◇ 规定对垄断的限制程度，比如通过限制发明、演示或特定商品的专有权申请，对已批准方案的专有使用给出例外情况（如出于教育目的进行的授权拷贝），以及通过规定持续时间来对垄断程度进行限制。

◇ 规定侵犯知识产权时的赔偿方案。

换句话说，知识产权法创造了优先权，而非针对侵权行为的绝对庇护。法律赋予知识产权所有者的权利为，禁止他人以未被法律允许的方式使用知识产权。除非知识产权拥有者采取积极措施，否则对知识产权的侵权行为将一直处于不被任何行政机关察觉的状态。这种观念极其重要：只靠对知识产权的注册来免受侵权，这是远远不够的。一旦你打算花费金钱和劳动来注册知识产权的所有权，你也必须愿意花费金钱和劳动来实施你的权利要求。

从耗费的成本和劳动方面来说，为了在国际商务中最有效地管理好知识产权，必须对合理的、基础的知识产权法了然于胸。归根到底，对于知识产权的权利要求与公共利益相悖。尽管知识产权鼓励发明和创新，同时它也使发明和创新远离公众的使用。由于公众对发明和创新的使用会激发更多的创新，因此知识产权也限制了发明和创新。由于这个原因，知识产权在得到积极维护的同时，其垄断权受到了限制。

对于重要的公共利益，应该评定对于知识产权的权利要求，并在收支平衡与知识产权不属于公共领域的矛盾中寻找实施途径。例如，你也许会发现你的广告和分发渠道是如此便宜，以至于不必为了积攒每一元潜在版税而去起诉每个小侵权者，就会拥有丰厚的回报。此外，一旦知识产权成为公共领域的财产，以至于对你来说损失巨大，那么你可能决定为此而战了。当你创建知识产权时，就应该考虑到后期的注册和实施过程。因为一旦知识产权（即使只有一部分）被公众大规模使用，那么获取并维持垄断权较之其他情况将会昂贵得多，也耗时得多。在以后的章节中，这些内容会有更多讨论。

□ 知识产权能为你做什么？

知识产权可能是最有用且使用最多的商业工具之一。如果拥有自己的专利权、著作权、外观设计或类似的知识产权，你将在专有制造或生产中使用它实现价值。如果拥有自己的商标权，你就会用它来突出自己的公司以及商品或服务，壮大顾客群体，提高商誉和名声。如果拥有自己的商业机密、专门的客户名录、秘密的配方或制作过程或者类似的知识产权，与竞争对手相比，你的公司就能提供独一无二的服务。总之，从知识产权授权许可或转让所有权的过程中，你将实现知识产权的巨大价值。

在国际环境中，正如在当地环境中，你将以相同的方式去实现知识产权的价值，只不过现在市场已经扩大，潜在收入比以前大多了。因此，更大的消费者群体将购买你的商品、向你支付版税，你可以在不同国家（而不是一个国家）授权许可更多的人使用这个知识产权。此外，国家间的不同语言也意味着你可以对翻译权进行授权。

在将知识产权国际化时，你获得了另一种优势，这种优势你无法在经营当地业务时获得。当知识产权开始声名远扬，你的著作和名字变得举世闻名，你的商标在这个星球最远的地方也会为人所知并跻身于百强驰名品牌榜中。绘画、电影和获得专利的过程使知识产权变成卫星新闻，你应邀展示作品、签发许可证、讨论并推动这些知识产权的扩散，其价值迅速增长，成为公司中最有价值的资产之一，甚至可以使公司在公开股票交易市场上市。

> 案例：在20世纪90年代中期，中国香港对当地制作的电视新闻和娱乐节目的需求很大，当地公司TVB制作的原创节目非常成功，以致开始出口。1995年，来自签发许可证和分销的收入超过了3.2亿港币。到2007年，就年出口的价值而言，中国香港的电影业已经位于世界第三，仅次于好莱坞和宝莱坞。

□ 著名知识产权赢得消费者忠诚

著名知识产权对消费者有影响，这些影响又折射出知识产权的价值。当知识产权被公众普遍认可、吸引大量消费者并获得回头客，意味着消费者认可度持续上升，此时就可称其为著名知识产权了。消费者更多依赖对品牌的认可度来购买商品或服务。例如，为了买到著名电影系列中那部最新电影的门票，消费者有时要排队等上数天；最受欢迎作者所写的书在预售发行时可以获得数百万美元。

对消费者而言，著名知识产权意味着如下东西：

◇ 高质量的产品、服务、书籍、电影、外观设计或其他与知识产权相关的项目。

◇ 拥有知识产权的公司对于消费者要求的回应程度，无论是通过客服、换货、退款、产品修复还是其他方式。

◇ 公司继续经营的可靠性以及继续制造含有或涉及知识产权的高质量产品或服务。

◇ 高价格定价。"一分钱一分货"是典型的美国用语，意思为：如果想要好的质量，就必须为著名知识产权或与之相联系的待售物品支付相应的溢价。

对于贸易者来说，著名知识产权可能意味着巨大的市场份额，也可能意味着回头客和市场份额的稳定增长。一旦知识产权变得如此著名，以至于进入消费者认可的知识产权世界排名的顶级梯队，它就很可能待在那里。例如，在1925年北美市场顶级品牌中，目前仍然存在的是：永备（Everyday）、凯洛格（Kellogg）、象牙香皂（Ivory Soap）、固特异（Goodyear）、德尔蒙（Del Monte）、胖子（Crisco）、百威啤酒（Budweiser）、柯达（Kodak）、立顿（Lipton）、箭牌（Wrigley's）、宣威（Sherwin-Williams）、可口可乐（Coca-Cola）。

对于拥有者来说，著名知识产权还提供了商业保证：能够通过签发特许权或者出售获得大量资金。为了获得另一个公司的金字招牌或专利技术，公司经常采取合并方式。有时，开发新产品或新发明的成本非常昂贵，以至于获得其他公司的许可或与其他公司合并反而较为便宜。出售公司时，资产评估应包括该公司所有知识产权的价值。

□ 知识产权有多值钱？

对于知识产权价值多少，并无限制。知识产权的价值可能使公司价值翻番，成为公司最有价值的资产。通过许可或其他类似安排，公司从知识产权开发中不断获得利益。

例如，著作权催生出合理的许可费用和版税。通过受到著作权保护的知识产权，出版商、作者、音乐制作人、唱片公司、艺人、体坛明星和影视工作室赚取了数百万的钱财。名人开口索要的出场费可高达数百万，对未经授权使用其名字或类似东西的行为则可提出总额高达数百万元的赔偿诉讼。

掌握了专利的公司能获得巨大的市场份额，与此同时，其他公司努力寻找其他途径来达到相同的结果。小发明家和大公司一样，经常为了可观的报酬为专利技术签发许可证。据《亚洲华尔街日报》报道，在过去35年中，一位在美国申报了500多项专利的发明家，在没有直接参与该发明工业应用的情况下，挣得超过5亿美元。

知识产权变得比公司的实体资产更有价值。例如，由微软公司研发并获得的知识产权，其估价大于公司的实体资产价值，而公司本身的估价大于通用汽车公司的价值，尽管通用拥有巨大的实体资产。同样，基于雅虎公司研发并获得的知识产权，这个网络公司的估价大于《纽约时报》公司的价值。

以一些著名商标为例：

对商标的评估价值	
商标	价值（亿美元）
万宝路（Marlboro）	>400
可口可乐（Coca-Cola）	>330
英特尔（Intel）	>180
凯洛格（Kellogg）	>100
雀巢咖啡（Nescafe）	>92
百加得朗姆酒（Bacardi Rum）	>55
耐克（Nike）	>35
特罗皮卡纳（Tropicana）	>10

无论是通过兼并还是其他安排，知识产权的获得可能需要数十亿美元之巨。例如，当菲利普·莫里斯收购卡夫时，花费了 130 亿美元才获得这一系列著名消费品牌的控制权；接管纳贝斯克时，一共花费了 25 亿美元，其中 80% 的开销归因于购买商标及其他无形资产的支出。

甚至对国家来说，知识产权的价值也是重要的市场资源，这种价值激励本国人民去全世界游说，为其传统知识中蕴涵的知识产权争取国际认可。在贫困人口比例高的国家，知识产权建立在诸如医疗创新、独特文化艺术、音乐、戏剧和民间故事等基础上，能通过许可和出售知识产权筹集大量资金。知识产权产生的价值惊人，以至于可以促使发展中国家定期派出代表去参加国际会议和国际论坛，寻求对其知识产权的认同。

□ 在顶端还有发展空间吗？

消费者对新鲜和原创的需求，加上市场的动态变化，为你的知识产权在众多知名品牌中脱颖而出留下了足够空间。"大众品牌"的普及流行，是对知识产权力量的一个精彩例证。数十年来，普通品牌和大众品牌的受欢迎程度一直在增加，普通品牌商品出现在美国各地零售店的货架上。这些品牌连同其描述性的名称和最基本的包装一起出售。消费者对此反应良好，尤其是在产品的价格差异大、产品质量类似或者质量相对来说不那么重要时。其结果是，普通品牌一直占据相当大的市场份额。

考虑到普通品牌的流行，现在许多商店推出标有自有品牌标识的商品。这种自有品牌标签商品为消费者提供了名牌之外的另一种选择，在消费者中颇受欢迎。例如在美国，自有品牌标签商品的销售几乎占到超市销售总量的20％；类似地，在与设计师品牌标签的竞争中，服装业的自有品牌标签也已经站稳了脚跟。

即使公司没有获得数十亿的利润，知识产权也会给公司增添巨大价值。无论你是否已经开发了一个吸引人的品牌或只是拥有一家零售店或者服务中心，无论你是否已经在画室完成了油画，或只是一个有待发掘的作家，当你在市场中对知识产权进行开发时，知识产权就拥有了商业价值。

◇ 顾客会被你的声誉吸引而成为回头客，因为声誉代表了你所提供商品或服务的质量，你的商誉和名望因此得以传播开来。

◇ 有经验的艺术收藏家或公司委托人看过一两篇剪报以后，会搜寻你的油画作为收藏。

◇ 对著作权作品的单笔售卖所得或转移著作权产生的版税回报，至少可以要求相同的价格。如果你的书成为百老汇演出下一轮热点的基础，或进入畅销书排行榜前十名，那么实际上下一本书的著作权已为你赢得了巨大的价值。

◇ 你可以靠出售已获得专利的发明而不是通过签发许可证盈利。

■ 知识产权估价

□ 知识产权估价的作用

公司知识产权的价值是公司的实质性资产。每个知识产权都应该由资深评估师或会计定期进行评估，并且价值都要计入资产负债表中。

尽管最好将估价工作留给专家去做，你也应该了解典型的估价方法以及使知识产权估价有别于有形资产评估的特定因素。你了解公司和所处产业，然而评估师或会计师也许不了解其中某些可能会影响知识产权价值的复杂之处，为了尽可能获得准确的评估，有必要为评估师或会计师提供公司和所处产业的相关信息。

除了要了解使知识产权估价复杂化的影响因素，你还应掌握鉴别其他无形资产的关键，这些无形资产可能与知识产权一起考虑，或作为单独的资产计算。在获得估价之前，你应该确定所有在财务上成功增加了公司价值的资产，记住要把以下每一项都包括进来：

◇ 知识产权，也就是专利、商标、商业机密、商业包装、公司名和域名以及知识产权的其他所有形式。

◇ 已经受过培训的劳动力。

◇ 业务、管理、规章和会计政策及处理程序。

◇ 市场营销活动。

□ 知识产权估价方法

估价专家已经研究出评估有形资产和无形资产价值的公式。根据估价目的是出售资产、获得担保贷款、固定房地产价值、申报应缴税收入或其他一些原因，所采用的评估方法有所不同。

■ 市场价值法。评估有形资产最常见的方法之一，是以市场价值为基础评估，即在一般的市场条件下（如供给和需求的条件下），以人们愿意支付的价格为基础进行评估。通过与近期相同或类似资产进行的公平交易做比较，常可确定有形资产的价值。

■ 可比市场价值法。评估无形资产时，可以采用可比市场价值法。因此，首先应该考虑是否已经拥有可表明知识产权市场价值的任何证据。例如，对类似知识产权，你先前已经有一个许可证协议，或最近刚出售了类似知识产权。如果你能做出调整来说明一些重要因素的影响，如地理因素的影响、其他对先前许可证产生限制的影响以及知识产权不断增加的受欢迎程度的影响，那么这些交易就能为你现有知识产权的市场价值提供参照数字。

■ 替换价值法。遗憾的是，因为很多市场数据通常无法获得，所以要采用不同的估价方法来评估无形资产。即使市场数据可得，此类资产的独特性也使得相当一部分评估变得很困难，而且结果也不够准确。因此，评估专家经常根据实际环境采用其他可替换方法。

可供选择的方案有很多种，通常还是把选择方案这样的事留给专家做比较好。以下内容可能包括了对知识产权的估价：

◇ 考虑垄断的市场价值（假定知识产权实际会导致较竞争对手更高的产品价格）。

◇ 确定含有来自特定商品或服务收益的知识产权，并合计出增加值（假定知识产权能与特定商品或服务联系起来）。

◇ 通过确定公司的价值。依据公司现有股票的价格，减去有形资产价值，将余值依据公式分配一部分给知识产权（假定公司在股票交易所挂牌）。

遗憾的是，所有这些方法都有不尽如人意之处。通常说来，为了表明产业、贸易或公司中存在的特殊情况，必须要在计算中添加一些因素。为了最后达成知识产权价值的估价数字，你必须与会计师和评估师紧密合作。此外，应该定期调整最终达成的估价数字，以说明随业务和市场的扩张及收缩，知识产权价值发生的变化。

第3章

影响国际知识产权的问题

文化问题

□ 文化接受度

当你开发自有知识产权时，认可并尊重他人文化很重要。文化差异会影响到知识产权是否被接受，是否会获得价值收益，是否能带来市场份额增加。与商品或服务、书籍、艺术，或者你选择创作的音乐，或者你决定研究的发明等这些东西相联系时，所引入的标识必须对你想占有的市场有文化吸引力。否则，你的知识产权将几乎没有或干脆没有商业价值。

文化决定了在日常生活、工作、保健和娱乐中可以接受什么。你必须有文化意识并保持对其他文化的敏感度，以便根据它们不同的偏好改编有知识产权的作品，并在外国市场上获得成功。即使你不打算通过改变作品来适应文化差异，对于判断可在哪些市场获得成功，在什么地方不会获得市场份额来说，你的文化意识仍然很重要。

在识别文化偏好的过程中，要时刻谨记文化适用于人而非国家。在现代快速运转的世界中，从一个特定国家中识别出单一文化几乎不可能。因为跨境旅游率在上升，人口在流动，世界各地的人们通过日益扩张的大众传媒网络来了解其他人的生活，所以在一个国家里可能存在许多亚文化群。不要坚持那些先入为主的文化观念，而要学着认可并接受在同一个国家内不同人群间的文化差异。

当你首次创作时，文化意识很重要。因为市场接受度就是那个给予知识产权商业价值的东西。如果你选择进行艺术创作，其内容或颜色无法被其他文化接受，那么你就限制了自己的市场范围。例如，如果你根据西药原理研发了一种疫苗，那么在偏爱草药疗法的国家，它可能遭到冷遇。如果你的商标在某些文化中有负面意思，那么你的商品或服务就不会获得市场份额。

□ 文化认可度

一旦你开始创作，在进行到需要决定以何种方式商业化以及可以诉诸哪些部门来保护和实施知识产权时，文化意识就会随之起作用。在这一点上，知识产权的文化认可度与文化偏好一样重要。在将创作市场化的过程中，你必须不断地注意文化偏好，同时还必须敏锐地意识到，市场中的人们是否会接受并尊重知识产权的私人所有。

对于知识产权所有权的文化认可会影响你所做的关于如何保护知识产权以及在具体实施过程中需要多少成本的决定。在知识产权法律刚刚起步的国家，对于人们来说，知识产权的概念很陌生，这使得对抗侵权、保护自身权益的实施过程很困难并且代价很大。在知识产权法律很健全但商业化和资本拥有的法律也异常强大的国家，你或许不得不花费巨资保护知识产权，以免被盗版。作为知识产权的拥有者，你有责任把尊重知识产权的重要性灌输给潜在买家和顾客。你也需要实施成本效益战略，以便防止或至少把侵权行为压缩到最小，而这正是下一章要讨论的内容。

全球化和一体化趋势

对待知识产权的国家差异属于间接贸易壁垒。因此，世界上的许多国家已经联合起来，努力协调国家间处理知识产权的差异。许多国际和地区贸易条约——关贸总协定（GATT）、欧盟（EU）、北美自由贸易区（NAFTA）——包含了相应的条款，要求成员国在知识产权注册和保护问题上协同一致。另外，有代表性的、具有里程碑意义的国家公约含有知识产权专用条款，如《尼斯公约》（创立了商品或服务的国际标准分类）、《伯尔尼公约》（保护著作权）、《巴黎公约》（保护商标）、《马德里公约》（保护商标和原产地名称）和《专利合作条约》（PCT）。更多信息参见术语词典。

进入全球市场后，你将发现知识产权是不断变化的。尽管许多国家尚未取消知识产权保护壁垒，但大多数国家开始意识到知识产权对经济增长的重要性。现存知识产权的保护机制是吸引外商投资的基本因素。为了成为对外资最有吸引力的国家，这些机制必须有效，并与国际惯例一致。

另外，许多国家意识到知识产权对本国国民的价值。因此，为了提高知识产权保护意识，不仅针对外国公司，也针对本国企业，在严格实施相关手段之外，还发起了针对民众的教育活动，这使得越来越多的消费者宁愿选择"一件真东西"也不想要"一个偷来的侵权产品"，越来越多的企业也开始学习如何估算许可证的价值和出售知识产权。

随着贸易壁垒的不断减少和对知识产权价值意识的不断增强，知识产权法律法规的全球趋同化趋势很可能持续下去。然而，一些人认为，在这种趋势下的一个首要问题是，知识产权本身可能成为自由贸易的障碍。如果允许一个人拥有并实施知识产权，贸易就会因垄断受到抑制。相反的观点认为，如果没有对于知识产权的保护，创新会因缺乏商业利益而受到压制，这样反过来也会损害经济。无论你赞同哪种观点，摆在全球领导者面前的就是，要以既能促进国际贸易也能尊重知识产权的方式，实现对知识产权法律法规的全球协调一致。

知识产权的全球化趋势由两个因素推动：私营企业和信息时代。这两个因素彼此冲突，因此亟待一个解决方案。私营企业追求对知识产权自始至终保持垄断，而信息尤其是互联网上信息的免费交流，已成为消费者日益增长的需求。其结果是，通过现有法律措施实施知识产权正变得更加困难和昂贵。因为交换信息能力和传递信息能力的获得已经变得如此容易，教育消费者尊重知识产权的难度和费用也在上升。很快，大家就会需要一个能在世界范围内解决问题的新方案。

政治因素

当你在全球市场中考虑何去何从时，国家的政治环境是重要的影响因素。政治事件会不可避免地影响到这个国家的市场和经济。没有人想把商品卖到政局不稳的市场，相比之下，销售商会在有稳定政局的国家获得预期收益。在一个国家中，贫穷常会导致政治动荡，而强劲增长的经济则会带来安宁。因为政治稳定和经济稳定紧密相连，政府对私营企业的管制，无论是最低限度的还是侵害性的，都有可能成为一个长期不变的特征。

国家出于规范国际贸易、国内贸易和竞争的需要，通过施加直接和间接贸易壁垒，使对国际贸易的政治影响成为政策实践的一部分。国家的政治环境对知识产权有特殊的重要性，因为知识产权可以形成间接贸易壁垒，因此，如果知识产权保护不能实现或太难实现，外商将对跨境交易失去兴趣，本地企业将不能在本国保护自己的专利，这将转而影响贸易。此外，对商标缺乏充分保护的国家通常会得到一个包庇侵权的名声，一旦获得这个臭名声，就需要大量的公共关系运作来扭转。

提示 ☞

你必须了解各国政局的变化和知识产权的发展，否则，可能因为其他人已经在特定国家首先注册和使用了商品标识而使自己失去知识产权。如果能使自己的知识产权得到保护，哪怕只是发布一个公告，也应该照此申请。

法律法规

你有责任了解业务所在国的法律，即使这些法律一直在改变。如果该国有保护知识产权的法律，但你没有遵守，那么较之遵守方，你将失掉自己的权利。对于法律知识的无知，并不是侵权诉讼、不公平竞争控告、刑事扣押和仿冒案件中的挡箭牌。一定要了解进出口限制，对于商品或服务的标识要求以及出版和公共领域中的相关法律。在制定知识产权全球保护战略中，精通国际知识产权法的律师能提供有价值的建议和帮助，也能及时通知你有关新颁布的法律、新近修改的条例和即将进行的立法所带来的影响。

互联网问题

互联网已经演变成一个庞大的营销工具，允许各地消费者和商家进行交易而不必建立分公司或分店，不必雇用销售代理；否则，若没有互联网，这些费用就是与当地保持业务联系的经常性开支。然而，在知识产权方面，互联网被认为是公共领域。一旦你把信息传到网上，首先确定保护好它，控制使用渠道，确保在互联网上的使用不会出现未授权盗用。

互联网使得信息传递如此容易，为了控制日益增加的侵权，知识产权所有者现在开始游说，但解决问题存在两方面困难：首先，在一个日渐扩大的庞大系统上，公司无法有效控制和执行知识产权；其次，在获取信息不费吹灰之力后，公众往往无法理解并尊重他人的知识产权。

几个国际工作组正在就保护互联网知识产权提出方案，许多国家（包括美国）已经带头颁布法律（至少是临时的法律）来处理侵权投诉。国内法院和国际法庭已经开始判决侵权案以利于强制执行。只要提出合法申诉，就连域名注册也已发展出法律投诉和注销程序。

第 4 章　知识产权当事人（I）：所有者、消费者、授权用户、许可证持有人、律师

涉及知识产权的商业交易发生在产权所有者（可能是，但并非必然是创作者或发明者）和另一方之间，对另一方的界定取决于交易的类型。一般来说，所有者会把所创造知识产权的副本出售给行业内其他商家或普通大众，他们都被认为是知识产权的消费者。所有者也可以出售、交换、授权许可或将知识产权本身转让给另一方。如果所有者将知识产权的所有权完全转让，那么新的所有者就出现了。转移知识产权的交易通常以转让的形式进行，先前的所有者称为转让人，新的所有者称为受让人。如果所有者只转让知识产权的使用权，这种协议就称为许可证，所有者就是许可人，另一方就是许可证持有人或授权用户。在转让部分或全部知识产权时，尤其是在跨境转让时，交易各方都应该寻求法律建议。

所有者／创作者

□ 作为创作者的所有者

不管知识产权是以授予专利权、著作权、商标权等物质形式出现，或仅以商业装潢、商业机密等其他形式得到保护，都是创作者创造了知识产权。创作

者可以是发明家、艺术家、作家、剧作家、作曲家、演唱家、演员、体坛明星，也可以是电影制作人。不管怎样，创作者位于知识产权链条的起始端，没有创作就不会有知识产权，创作者会一直拥有知识产权，直到放弃自己的权利，或者说除非放弃自己的权利才会终止。

致力于创造及其表现形式的双方或多方当事人就是共同创作者，他们获得共同所有权。在通常情况下，共同所有权使得每一个当事人拥有相同的份额，除非这种份额是用合同约定的。在没有合同规定的情况下，每一个合著者无需其他合著者的允许也能使用知识产权，但每次都要向其他所有合著者解释说明他对知识产权的使用，并且均分从知识产权中获得的利益。

☐ 作为创作者雇主的所有者

如果是受雇创造仅供雇主使用的知识产权，你通常会将知识产权的全部所有权让给雇主。类似地，如果受雇作为自由作家或独立承包商，一般也是雇主拥有所创造的知识产权。但通过与雇主签订合同，也可能有例外情况，允许创作者获得独立知识产权或与雇主一起拥有共同知识产权，只是这种情况很罕见，因为创作者在获得知识产权的谈判桌上没有足够的力量。

在雇用合同或自由作家合同约束下工作时，你放弃了知识产权，但此举确保了收入来源。然而，所得收入与知识产权产生的价值是极不相称的，一般是因为你的谈判力量太弱了。另外，是雇主（而不是你）负责支付创作过程中所发生的企业日常费用开支、市场营销和维护费用。雇主也要承担所有权带来的风险，比如要对有缺陷的商品负责、对原料生产无法实现商业化负责。即使是自由创作者，与雇员相比，也能把上述部分费用和风险转移给雇主。

☐ 作为受让人的所有者

从另一个所有者手中获得知识产权，这样你就成为新的知识产权所有者了。获得知识产权意味着获得知识产权的所有权利，包括冠名权和所有权、专有使用权、授权或再次转让知识产权的权利、制作副本、禁止他人侵犯你的知识产权的权利。这种交易通常称为转让，先前的所有者称为转让人，新的所有者称为受让人。

在当今世界，获取知识产权已成为选择商业伙伴时的重要影响因素。公司的兼并和收购中包括了有价值的知识产权，因此选择商业伙伴的关键至少部分取决于各自拥有的知识产权价值。正确的选择能将两家公司建立在著名知识产权上的力量结合起来，使得其中一个公司在另一个公司已建立的市场上扩展业务，甚至接管那个市场并最终迫使竞争者停业。

□ 所有者的目标

作为知识产权的所有者，首要目标是确保对知识产权的专有权，换句话说，就是保证只有你自己有权使用、备份、改变、转让、授权许可或者做出如何利用知识产权的其他决定。为了达到这个目标，你需要做两件事情：首先，保证自己的知识产权独一无二，并且能和其他人的知识产权区分开；其次，始终如一地保护知识产权免受侵犯，并且防止大众的随便使用。也就是说，你必须选择能被保护的知识产权，然后保护它。有关这些内容的细节在随后的章节中会有更多讨论。

知识产权所有者的第二个目标是创造或获得在商业上可行的知识产权。为创新而创新是值得称赞的理念，但它不会产生收入，直到你把它卖给消费者才能产生收入。为了实现第二个目标，你必须理解创新市场，并对商业产权和商业风险有一定的判断力。知识产权所有者总是在寻求对原始创作的最高出价，或者为创作的副本寻求最高市场价格，同时也想使生产成本维持在最低水平。

不管所有者是不是知识产权的创造者，他们有着相似的目标，即想拥有独特的、有市场销路的知识产权。举个例子，如果你是雇主，会希望雇员在市场中开发新颖、独特、有价值的职务知识产权，如果知识产权没有商业应用价值，你就会要求雇员改变创作，甚至用其他创作者来替代原来的雇员。如果你是雇员，目标是通过提供有成本效率的开发和有价格竞争力的最终结果，让雇主高兴。

□ 知识产权开发的隐性成本

确定知识产权的价值和成本时，要把创造和维护知识产权的隐性成本考虑在内。研发知识产权期间究竟花费了多少？备份和维护知识产权实际花费了多少？支付所有的成本后会有盈余吗？你会只因为对知识产权或其社会价值感兴趣而创造它吗？隐性成本应该包含下列部分项目：

■ 研发成本。创造作品时，你必须做大量的调查，这就需要诸如交通费、采访费和翻译费、图书馆或实验室的使用费以及复制费。为获得灵感可能要思考数天，为了解消费者行为要进行市场调查，为了解对展示或发明的接受度要对市场进行测试，这些都是研发的隐性成本并且数量巨大。

■ 展示成本。除非把作品卖出去，否则无法获得商业价值。为了卖出作品，你必须向潜在客户或雇主展示自己的创作。展示的内容和形式是作品被接受与否的决定性因素。因此，应该为观众精心筹划展览，这可能要花费数天的时间研究想接近的个人或公司的背景、制作出有工艺吸引力的代表作选辑。花费在展览上的时间和成本会带来销路，但同时也是一项开支。

■ 生产成本。生产成本包括原材料、劳动力、场地、机器设备和所有在生产待售创作及其创作副本中涉及的各种要素。即使仅创建一个样本，然后出售给或授权给另一个人并让他承担生产成本，你也会有一些生产成本。如果作品独一无二且无法制造副本，就必须考虑自己承担的生产成本。生产过程也包括将你完成的作品安装好。

■ 政府管理成本。作品的研发、展示、生产和安装都要服从政府的管理。因为你可能正在使用危险物品；可能需要特别许可，以便将作品安装在预期位置；可能必须达到某种消费者或监管标准。同时，一旦创作工作完成，并符合注册要求，政府就会帮助你保护产权。各国的管理成本有所不同，但你在大多数国家都要考虑这项成本。

■ 经销、分销、运输和保险成本。如果在本国或世界范围内复制待售的作品，在经销、分销、运输货物或提供服务时，你会遇到任何一个商人都会面对的典型成本，包括交通费、海关报关费、政府增值税、运输通行费、货物破损遗失保险费、临时库存费以及由于发货延误带来的其他费用。你还可能因必须打广告、做促销、愉悦潜在消费者或客户，或者向企业或公众推销作品支付成本。

消费者

□ 作为买主的消费者

消费者得到或观赏受知识产权保护的创作或创作副本时，作为交换，通常会对知识产权所有者给予补偿。一种情况是消费者处于消费链的中间，在此链条中，消费者可以将创作或者副本转售或转让给其他消费者。另一种情况是消费者处于消费链条的末端，无法将作品或副本转让给其他消费者，只能自己使用或欣赏。举个例子，购买油画的博物馆是处于消费链条中间的消费者，去博物馆欣赏油画的公众处于链条末端；音乐会上的观众是末端消费者；零售书商是链条中部的消费者，能把书卖给链条末端的消费者。

□ 购买副本

售卖有知识产权保护的作品不同于售卖知识产权，这个概念对正确理解知识产权极其重要，因为这是知识产权法的基本信条之一：知识产权的所有权与知识产权作品的所有权截然不同。这个概念以两种方式影响了消费者的权利：

第一种方式是知识产权所有者仍对使用知识产权享有专有权。仅仅出售作品不包含知识产权转让，除非所有者明确与买家签订合同来出售或转让知识产权。这就意味着没有得到授权，消费者不能复制或分发作品，也不能行使知识产权所有者的任何一项权利。

第二种方式是知识产权所有者不会对已售作品的副本保留所有权。如果作品被复制并售出，知识产权所有者就会放弃对副本的控制。尽管消费者不能复制并分发额外的副本，但至少可以自由转售、出租、借出，或转让给公众特定类别的副本。因此，许多公司（尤其是软件公司）要求消费者与公司签订授权许可协议而不是购买协议，因为这可以使知识产权所有者保留对知识产权及实体副本的所有权。在这种情况下，停止使用或终止授权时就要求消费者把知识产权归还给所有者。

授权用户／被许可人

□ 知识产权被许可人

许可证是双方——许可人（知识产权的所有者）和被许可人（知识产权的使用者）——签订的合同。在许可证上，许可人把部分而非全部知识产权转让给被许可人，获得授权的被许可人可在许可证合同的条款范围内使用知识产权。也就是说，被许可人并不享有知识产权的所有权利，而只能享有许可证合同所允许的权利。例如，被许可人只被允许在某一领域、某一特定时期或只对于特定类型的制成品拥有专有或非专有知识产权的使用权。如果许可人无力对抗侵权者，被许可人通常被赋予保护知识产权免受第三方侵权的权利。

许可证合同用来保护许可人的知识产权所有权，其中也标明了被许可人需要承担的某些义务。这些义务包括质量控制条款，通过履行这个条款，被许可人承诺所有知识产权副本会达到许可人制定的质量标准。此外，被许可人不得干涉许可人的所有权，也不允许作为知识产权所有者去注册知识产权，并且被许可人要因知识产权的使用而补偿许可人，说明所有的销售情况，同时只能出售得到许可人批准的知识产权副本。

□ 知识产权许可人

知识产权许可人保留所有权，其名誉和声望与知识产权的使用紧密相连。因此，许可人应该不遗余力地确保这些权利免遭侵犯、未授权使用及不合格使用。如果想要维护知识产权的价值，必须进行专有使用并确保使用质量。

因为所有权属于许可人，所以许可人绝不会允许被许可人去保护和注册知识产权。许可人也应该避免被许可人对衍生作品或相关作品声称拥有所有权的潜在可能。同样，许可人会承担起捍卫知识产权免遭侵犯的重任，因为这种防卫对维护知识产权所有权及其名誉来说极其重要。此外，许可人必须监督被许可人生产的质量和数量，坚决执行许可证合同条款的规定。

律师

在创作、转让、购买、许可、使用或处理有关知识产权其他事务的过程中，无论何时，涉及知识产权的任何一方都可寻求法律建议。针对法律上的规定和在知识财产创作过程中任一阶段可能会遇到的问题，律师都能提供独到的见解，并且这些建议会影响整个过程。

□ 为什么要咨询律师？

从根本上说，要依法行事，就必须清楚法律义务。此外，你可能希望运用法律来保护、执行和限定知识产权。因此，当创建、转让、获取、许可或使用知识产权时，一定要在法律允许的范围内小心行事。

你的天真或对法律的无知可以招致重大的财务问题和法律纠纷，甚至会失去知识产权或需要提起诉讼来制止侵权。即使自认为了解本国的法律权利，一旦选择用互联网或其他方式把贸易扩展到全球市场，法律纠纷就会成倍增加。有关创作和知识产权的交易不仅要遵守其他国家的法律和规定，而且也要达到国际标准。其中，你不了解的部分会损害你的利益。

不管你是全球范围内知识产权的创作者还是贸易者，都要服从政府部门的管理，这些部门会根据特定领域的政策和惯例来保护其视为公众利益的东西。如果以不正当的、带有欺诈性的、出于恶意或者以侵权方式、违反公平交易原则或反垄断法的方式创造、转让或使用知识产权，那么政府就会施以重罚，包括追究刑事责任。如果在国外违反法律，你就不得不在陌生和令你困扰的地方，面对管理机构或法官对你提起的诉讼了。

当考虑是否需要法律建议时，先问问自己这些问题：

1. 我已经投入了多少时间、资金和劳动，或者在研发或获得知识产权上是否计划进行投资？我是否会介意因不能找到或不能继续享有法律保护而丧失投资机会？

2. 在前期市场调查、市场测试和已有知识产权的营销过程中，我已经花费了多少时间、资金和劳动？一想到要失去这些投资，我会坐立不安吗？

3. 如果无法再获得保护或强制执行变得太昂贵，改变知识产权会花费多少钱？一想到要失去知识产权后必须创造或获得新的知识产权，我会坐立不安吗？在我业务上的影响又将是什么？

4. 对我的业务而言，知识产权的价值比其注册和维护成本更大吗？

5. 如果已有知识产权的价值出现丧失或贬值，这对我重要吗？是否会影响我的财务状况？我会因此负法律责任吗？如果是那样的话，在法律费用和其他成本上又要花费多少呢？

□ 给所有者 / 创作者的法律建议

律师能在你正在创作知识财产或已经获得他人的知识财产时，针对你所拥有的权利提出至关重要的建议，其中包括你拥有的法律权利和契约权利的范围和限制、保护和实施这些权利必须采取的措施、转让或使用这些权利的替换方案等。此外，律师也能在评估知识产权价值和增值的过程中提供帮助。如果你打算保有专有权并获得创作带来的价值，那么从创作开始就要对属于自己的权利、义务和风险了如指掌。

律师能在知识产权实际注册过程和随后的维护过程中提供帮助。在许多国家，如果所有者或创作者是当地居民或至少在这个国家有服务地址，他就有权利直接申请注册知识产权而无需法律顾问的帮助。在一些国家，代理人（通常不是作为律师获得许可）可以提出知识产权注册申请，他们收取的代理费较律师少，至少一开始是这样。目前来说，这些对于所有者是省钱的办法。

那么，对于像注册知识产权这么简单的事情为什么还要费神征求律师的建议呢？准确来说是因为以下原因：

1. 从来没有什么事情是简单的，注册申请可因各种表面和实质性的原因被驳回，比如申请填写不当、你申请注册的知识产权与先前他人注册的知识产权有冲突，以及知识产权不新颖、没有特色或者在法律意义上不够独特。

2. 完成注册是一个极其重要的过程。通过注册知识产权，你的权利才会获得价值，你才能以注册者的身份获得补偿。在大多数时候，你都无法及时了解注册申请的审批情况，即使注册申请已被驳回数月，甚至在有些国家已被驳回两年或更长时间，你都无法知晓。如果你依据提交注册申请的日期认为获得保护并开始使用自己的知识财产，而实际上申请递交后被驳回，那么你所投入的劳动和资金就会化为乌有。

当创作知识产权时，要时刻谨记律师对知识产权在技术、内容及形式上的建议，这会使你更清楚地意识到创作得到保护所需的条件。在提出注册申请时，律师的帮助会使你得心应手地处理事情。随着申请进入检查阶段，在回应反对意见和说服检查者通过注册申请上，律师的建议尤为宝贵。一旦开始寻求注册，律师就能参照审理或依据最后的注册结果更成功地对付侵权者。由于你即将在政府机构获得权利，因此这一维权过程也会更经济。

如果你还不太确信法律建议对知识产权创作者和所有者的价值，那么牢记以下内容：在美国，强制实施知识产权或对抗侵犯的单个诉讼可花费 15 万美元以上，而对于一项专利的注册通常花费不到 1 万美元，商标注册不到 2 000 美元，著作权的注册不到 1 000 美元。虽然不同国家的花费不同，但观念一致：保护已注册知识产权远比保护未注册知识产权的花费少，并且未注册知识产权流失到民间的风险更大。

□ 给消费者的法律建议

作为知识产权副本的购买者或使用者，应该清楚地认识到尊重所有者知识产权的重要性以及侵权后的经济和法律后果。与购买知识产权法定副本相比，分享其他副本的副本的副本看上去是个划算的选择，并且唯一受到负面影响的一方是知识产权所有者。然而，事情并不这么简单。

侵犯知识产权，实际上也逐渐损毁了你拥有的知识产权副本的财产权价值。也就是说，在侵犯知识产权所有者权利的同时，已获得的知识产权副本和其他所有相同副本的价值也被贬低了。最终知识财产会变得普通，即专有知识产权连同其中的价值会消失在公众领域。当知识产权所有者明显会因这样的结果而受到不利影响时，你拥有的知识产权副本同时也贬值了。因为其他消费者不再尊重知识产权的价值，所以无论是以合法或非法的方式，都无法再以标定溢价卖出副本。

此外，即使依据许可证协议得到知识产权，也不能在知识产权副本中获得全部所有权，你获得的仅仅是在许可证条款范围内使用知识产权副本的权利。如果制造了未经授权的知识产权副本，那就违反了许可证的合同条款并且贬低了知识产权的价值。

尽管经济现实会阻碍知识产权所有者实施其专有权来反对每一次可能的侵权和违反许可授权，但他仍有法律特权这么做。是否采取措施以及采取何种措施，完全取决于知识产权所有者的判断力。如果侵权或违约对知识产权的价值造成了巨大损害，或对其价值造成了很大威胁，一个积极的知识产权所有者会采取措施反对，即使是很小的侵权和违约。如果不尊重知识产权，就有被法庭勒令禁止、被要求赔偿损失、支付罚金和支付可能的律师费用的风险。

因此，为了避免不利的法律诉求和罚金，应该搞清楚权利及与之对应的法律义务的范围。当然，并不是每次进行购买知识产权或其副本时都需要获得法律建议。然而，如果对于知识产权的使用没有在"合理使用"的范围内，就需要从知识产权所有者那里申请许可证。如果决定着手制作和分发副本的副本，就属于侵权和违反合同规定。在采取这些行动之前，你应该花点时间和金钱听听法律建议，否则将以支付大量时间和金钱进行法律辩护而告终。

☐ 给授权用户／被许可人的法律建议

从知识产权所有者那里得到许可的使用者，同时也是知识产权的消费者。也就是说，为了使用这个知识产权，你获得了副本。你有同样的义务去尊重产权所有者的权利，如果你做不到，也要承担相同的责任。作为消费者，如果不太了解其中的权利和责任，你应该花点时间和金钱做一些基本的法律咨询。

除了消费者，被许可人也要遵从许可合同的条款。这份合同最有可能已经起草好并由知识产权所有者或其代表交给你。合同很可能会阐明所有者仍是所有者，而你只是知识产权的被许可人；很可能就生产、分销和知识产权的使用设置了严格的限制条件。当然，合同也有可能针对违约确定了赔偿方案。

许可合同是法律文件，一旦签订，就受其条款约束。尽管那些条款已由许可人决定好，但你仍有一些还价的能力来改变那些对你特别苛刻的条款。因为许可人毕竟希望你（并且认为你）有资格成为知识产权的被许可人。不管你是经验丰富的被许可人还是新手，法律专业人员能够在你成为牺牲品之前指出合同中你面对的潜在陷阱和优势，因此倾听他们的建议是可行的最明智之举。

☐ 何时咨询律师？

■ 一开始。咨询律师的最佳时间是在你需要咨询律师之前。你应该在拥有知识产权或其副本之前咨询律师，因为对有关问题的解答会影响你的进程。这意味着，作为创作者，应该在将想法固定到有形媒介之前寻求法律建议；作为消费者，需要了解你想用的知识产权副本是否获得法律许可，如果有任何疑惑，应该在花钱购买知识产权之前咨询律师；作为被许可人，应该在同意合同条款并且放弃任何议价能力（用于强调自己权利的保护）之前让律师复审合同。一旦得到了知识产权或其副本，律师只能提供给你一些自卫性建议，包括如何从干涉方手中重新获得优先专有权、如何寻求共同拥有权利、如何重新谈判、如何拒签合同、如何避免收购和授权许可以及如何才能在一笔失败的交易中使损失最小化。

■ 创作或取得期间。在创作过程中是否咨询律师取决于所处特定情况的复杂程度。一般来说，一开始已获得律师建议的创作者在完成创作之前可能不再需要法律顾问了。然而，如果根据创作的新颖性、差异性、创造性或独特性对其进行保护，没有律师的帮助，创作者可能无法最终完成创作，因为律师提前检查并就潜在冲突给出建议。如果创作过程本身受到复杂法律要求的管制，比如撰写专利文件的情况，律师必须发挥更大的作用。

同样的规则适用于知识产权或知识产权副本的取得过程。也就是说，大多数知识产权消费者不需要法律建议，因为他们对于知识产权的使用是个人行为，或者说是在合理使用范围内，因此不构成侵权。但是，如果取得过程涉及知识产权中全部所有权的转让或知识产权的使用授权，法律建议就是成功交易的必要保证，但不是必须。事实上，最明智的做法就是让律师去进行合同谈判或至少在谈判期间和你一起到场。

■ 持有期间。当完成创作或完成对知识产权的取得后，针对律师建议的需求还未结束。遗憾的是，不论是以创作还是取得方式占有知识产权，并非已完成了大部分法律手续。如果无法成功注册、维护、更新，或者执行知识产权，你就很有可能失去它们。也就是说，如果想持有知识产权，就必须懂得维护。此外，你要懂得在全球范围内维护知识产权，否则就会冒知识产权价值毁损的风险，因为第三方可以在你到达另一个国家之前先行使用或注册你的知识产权。

简而言之，你仍需要一名律师。如果在一开始就向律师询问保护知识产权的后续成本，那你就是聪明人。好消息是，如果充分利用可行方法保护知识产权，与保护未注册知识产权免受侵权相比，所花费的成本相对较少。律师能就最佳方法提供建议，用以确保证据——谁对知识产权有更多权利——偏向你方。

即使你已获得了知识产权，也有可能被迫面临强制执行或者重新谈判许可协议或其他转让协议，因此你仍然需要法律顾问的帮助。律师能复审你的特殊情况，指出你谈判中的优势和劣势，通过选择不同行动过程来解释可能遇到的风险和所需承担的责任。为了摆脱更多的麻烦，必须要求律师代表你参加整个重新谈判或调解过程。尽管这个决定可能取决于以下因素：合同价值和律师建议成本的比较、你对于法律体系的精通程度、与另一方的力量对比关系，但在签署合同之前让律师大致检查和建议一下，这种做法是很明智的。

■ 未来的创作或取得。一旦在律师的建议下经历了创作或取得过程，你就会熟悉法律要求、权利和义务、保护和强制执行的可行条款。如果将来再进行创作或取得过程，那时你就会发现只需较少的法律建议了，除非新的创作或合同与先前的大为不同。然而，你不应该完全放弃法律建议，因为每一次创作或取得过程都有其特点。与前期法律审查和建议中的投资相比，在创作或取得知识产权、为其开拓市场、保护并执行知识产权过程中所需花费的投资相对更少。

□ 如何选择律师

找律师很简单，就像翻阅电话号码簿、给律师事务所打电话、征求亲友的推荐建议，或在家乡找出刚巧有律师事务所的亲戚一样。一旦缩小了选择范围，要选出这样的律师：

1. 精通知识产权和本国知识产权管理法律。

2. 精通国际知识产权和国际商法，或至少愿意在相关国际领域进行研究时无须花费你太多额外的费用。

3. 精通在维持和执行知识产权过程中的惯例、行政条例、海关条例和司法程序。

4. 与国外的法律机构有联系，或至少想建立这种联系并在获得知识产权全球化注册中起到积极作用。

5. 为了解决非法律的问题，坦率地建议你联系其他的专业人士，如国外的法律顾问或知识产权代理人、具有专业技能的顾问、评估师、会计师以及广告顾问、公关顾问或市场调查顾问，并且愿意代表你和那些专业人士取得联系。

6. 处事周到、文化意识强，能充分认识到跨境谈判的困难，愿意成为国际贸易舞台中的一分子。

作为警告，合同双方禁止使用同一名律师。即使双方是最好的朋友也不行，因为在合同上，他们各自的利益是对立的。试图获得最大范围知识产权的一方可能是想支付最少的补偿金，而另一方却想以最高的价格出售全部或部分知识产权。如果一名律师代表双方，很明显存在潜在的利益冲突，因为在同一笔交易中，限于伦理和道德的约束，律师无法给双方提供有冲突的意见。

□ 如何明智地利用律师的时间

从第一个电话到初次面谈，再到接下来与律师的一系列接触，为了你的利益应该做好充分的准备，因为律师的时间要花钱买。在与律师会谈前：

1. 回想出现的问题和所需要的回答，此种回答必须能引领你进入下一阶段的创作、获取或知识产权保护。

2. 收集和汇总所有事实、文献、来往信件、营销信息、知识产权估价和你认为与讨论有关的任何东西。

3. 从全球视角考虑知识产权：在哪里使用、授权使用、转让或出售知识产权？在哪里需要保护知识产权？在哪里最可能发生侵权行为？

□ 律师提供的建议

律师的建议最有用。如果以有序的、考虑周全的方式使律师了解相关知识产权信息，你会得到最大的回报。在最初阶段，应该向律师咨询以下问题：

■ 国家法律体系。很少有人完全了解本国的法律体系，更不要说外国的法律体系了。经验丰富的律师可以提供相当有价值的见解。

◇ 我能在商务计划内的所有国家中保护知识产权吗？

◇ 在这些国家，什么类型的保护（如知识产权注册、劝告通知、海关注册）是可行的？

◇ 在强制执行知识产权时，哪种补偿方案是可行的？在实践上，哪种方案值得推荐？

◇ 如果没有同时在所有国家保护知识产权，我在特定的国家是不是有失去知识产权的风险？如果有，在哪些国家我会失去知识产权？

◇ 能覆盖我这种知识产权类型的国际条约成员国有哪些？获得这些条约认可的具体程序是什么？

■ 知识产权概况。在创造和选择知识产权之前，应该考虑什么样的知识产权最容易注册和执行。律师能够向你解释清楚监管人员和司法机构考虑的问题。

◇ 注册知识产权的实际要求是什么？为完成注册，知识产权必须具备的特征和属性是什么？

◇ "衍生"的具体含义是什么？我能把知识产权建立在他人知识产权的基础上吗？我的知识产权必须与他人的知识产权有多大的区别和不同？

◇ 究竟为什么要费尽心机去注册？

◇ 我可以通过不同类型的注册（如著作权注册、商标注册）来保护知识产权吗？有何益处？有何弊端？

◇ 涉及知识产权注册的仔细审查意味着什么？为什么我应该要求仔细审查？

◇ 什么时候知识产权会生效？在注册申请递交后的决定期内，如何处理知识产权？能转让吗？能使用吗？如何保护？

■ 合同。即使是有关授权许可或转让知识产权这么简单的交易，都会有复杂的合同。在理解多数合同的细微差别和含意时，需要律师的专业技能：

◇ 在每一个相关国家都有签订合同的自由吗？就知识产权而言，在特定国家，合同各方的权利有何限制？

◇ 为什么应该签订书面合同？

◇ 为证明交易，一份交易备忘录就足够了吗？

◇ 当另一方的律师已经准备好书面合同并确定好条款时，为什么还要让自己的律师再看一遍？为什么不应简单依赖另一方的律师？

◇ 什么时候达成协议？相互理解意味着什么？

■ 执行知识产权。从一开始，律师应该就你执行知识产权的义务提供建议。注册和保护知识产权只是开始，如果不能按照完整的过程执行知识产权，就会失去在研发知识产权中的投资和市场。

◇ 如何锁定侵权行为？寻找侵犯知识产权的行为有便宜的方式吗？每一种方法的适用范围是什么？可信度又如何？

◇ 为找到侵权行为，我可以信任代理人、被许可人或在这个国家的其他类似代表吗？

◇ 为阻止侵权，有何可选方案？对每一种选择，预期成本是多少？

◇ 与发现的每个侵权者解决争端的影响是什么？

□ 律师不提供的建议

你肯定会问及律师咨询范围之外的问题。但是，律师的时间特别值钱，是要花钱买的。最有可能的是，律师告诉你应该联系其他的建议提供者。

■ 外国知识产权顾问或代理人。除了被特定国家的法律所禁止，任何律师都能为你提供有关法律、程序和世界范围内司法惯例的建议（即使律师为了相关调查而索要高价）。但是，在法院面前，有时在监管机构面前，在不允许律师执业的司法领域内，通常不允许律师来代表你。在国外，一旦知识财产问题变得复杂，比如必须把侵权行为告上法庭时，那么你应该要求律师协助你选择当地的法律顾问并且充当与当地法律顾问协调和联络的监管律师。

■ 有专业技能的顾问。律师应该给予法律建议，而不是关于知识产权形式或实质内容的技术建议。许多律师，尤其是专利领域的律师，在科学、计算机和其他技术领域也是称职的，但他们的首要关注点仍是知识产权的法律内容。他们不会就你发明中的工程缺陷提出建议，不会对你的手稿进行编辑，也不会指出乐谱中的错误。因此，应该明智地向知识产权相关技术专业领域的专家进行咨询。

■ 广告顾问、公关顾问和市场调查顾问。律师在知识产权的销路方面不是专家，但会让你去联系广告公司、公关公司和市场调查公司，它们能协助你开发知识产权，从而把全球文化、语言、气候和其他类似需要考虑的因素全部考虑在内。

■ 评估师或会计师。大部分律师对知识产权的估价方法并不精通。为了获得对于知识产权的估价，应该咨询评估师或会计师，他们精通确定无形资产价值（特别是知识产权价值）的常用方法。

第 5 章

确保知识产权的价值：创作中

当有创作灵感时，你很可能会思考："它的价值是什么？"为确保得到知识产权的全部价值，你必须从一开始就认识到：你实际上是在创造知识产权。你也必须意识到这些权利是多么容易失去以及如何才能留住它们。如果从一开始就制定了严密的知识财产策略，那么随着你的知识财产被世界了解和渴望，你就能在具体实施过程中节约很多费用，并从创作中获得丰厚的利润。如果你不明白到底是什么使知识产权变得有价值，那么在此后努力推销或保护创作的阶段，你很可能遇到挫折并发生损失。

把知识财产加入商业计划

一个成功的、健康运行的公司通常以商业计划为基础运行。无论你是刚创立公司、收购一家公司，还是正在经营一家公司，商业计划至关重要。你的计划应该以三个简要的承诺书开头，它们回答了下列问题：

1. 前景陈述。你认为公司要向什么方向发展？公司在产业或行业内处于何种位置？在世界范围内呢？到哪一年公司才能走向世界？公司经营何种业务？你期望公司获得何种财务收入？

2. 任务陈述。为实现目标，公司需要做哪几件事情？需要树立某种公众形象或市场形象吗？需要员工具备某种素质吗？需要某种顾客群或特定类型的财务资助吗？

3. 措施陈述。公司要采取何种措施实施计划并完成任务？为了完成任务并实现目标，需要制定什么样的政策和准则？

提示 ☞

承诺书旨在把商业计划集中在成功的一个要点上，即持续的品牌效应。从这个意义上讲，"品牌"意味着你愿意为公司创造的整体形象，公司形象就像建立在稳固根基上的房子。如果企业拥有核心理念，并贯穿于公司的形象辨识、媒体与公众交流、产品和服务以及商业准则和政策之中，那么参观"房子"的消费者会对公司产生更深刻的印象，并记得更牢。消费者的品牌忠诚度是企业获得成功和实现长久市场生存的重要影响因素。

一旦开始小心起草、修订并最终完成承诺书，并且确定了公司的品牌形象，就需要扩充商业计划以涵盖所有操作细节，比如制定短期规划（一般为 5 年）和为完成长期目标而制定的长期规划（一般为 15 年）。如果需要，商务咨询公司和商业计划软件可帮助你简化工作。

在扩充规划之前先停下来思考一下这些行动的法律后果，这一点至关重要。到这个时候，你已经创造了有价值的知识财产（即创造了公司品牌形象）的基础，应该认可并开始保护它。即使公司的知识财产是无形的，它也可能是或即将是公司最有价值的资产之一。因此，制定知识财产战略是首要工作，应该立即通过保密协议和商业机密认定来进行初始阶段的保护工作。

在商业计划制定过程中，一定要在构建知识财产策略上花费足够多的精力。知识财产策略应该支持、鼓励并进一步增强和拓展从一开始就实施的知识财产政策，同时也应涉及公司各个方面，并确保所有知识产权都得到了保护。经过周密计划的知识财产策略不仅会在创作阶段中，而且也会在所有商业活动中保护你的投资价值。请牢记，"品牌形象"是整体实践的产物。

制定知识财产战略

在为公司制定既实用又有效的知识财产战略时，需要参考本章其余部分和下一章所讨论的问题。建议你通读这些章节后，参照自身情况划定相关范围，并确定一个总体知识财产战略。当你开始实施计划时，可翻阅各章节的主题来寻求更详尽的指导。

☐ 确定知识财产

只有了解知识产权才能保护它们，这是最明确的事实。你应该列出现有的和打算开发的知识财产清单，作为商业计划的一部分。随后，把确定的每个知识财产列入项目跟踪系统，你就可以通过此系统记录知识产权从研发到维护的各种状态。

提示 ☞ ─────────────

清单应该包括已拥有或想要开发的所有传统的知识财产（即每个商标、专利和著作权），也应该包括与公司有关的非传统知识财产（即外观设计、商业名称、客户名址录、经营方法、商业装潢、商业机密等等），还要包括与计算机领域有关的知识财产（即专门为公司开发的软件、域名、电子展品以及诸如此类的知识财产）。

─────────────────────

一旦确定了知识财产，就要从律师那里寻求确认。在与律师的简短会谈中，应该大致描述出商业计划并要求律师给出回应和建议。当然，在最初的阶段中，你的计划很可能具有灵活性和不确定性，但此阶段却是进行法律咨询的最佳时期。律师能针对你的计划指出某种行为的后果并提供避免失误的途径。一定要和律师讨论对知识产权的总体保护，因为这些知识权利很可能成为新公司中有价值的资产。

只要你能首先提供行业、贸易、运营、计划及公司目标等相关信息，律师就能给出最好的建议。从这一点来说，与律师见面之前应该搜集和整理公司的资料，以便律师查阅。可以使用下一节给出的一览表来帮助你完成这个过程。

估计知识财产需求：一览表 _____

假设你确定了很多公司已有或打算研发的知识财产，那么下一步就是评估公司知识财产需求的实质和范围。这一步不能纸上谈兵，它与公司的整体结构和战略紧密相连。在评估公司知识财产需求的同时，也要坚定公司的短期目标和长期目标。在这个过程中，你会发现所需要知识财产的多少和确立的知识财产不符，因此需要调整商业计划。

对知识产权研发和保护的程度必须符合商业计划和商业目标。下列问题清单会帮助你根据公司总体商业战略开始考虑知识财产需求。这些问题是概要性的，因为不可能把每个公司的具体情况都考虑在内。因此，你应该根据自己的特定情况采纳、添加或删除清单上的问题。

提示☞

记录并保留你的答案，连同你用于编制和考虑的数据。这些材料可能成为系列商业活动的核心，当你就知识财产需求寻求法律建议时，也有助于向律师解释你的商业活动。为了评估知识财产需求，律师会问及许多与此相同的问题。

□ 核心业务的实质是什么？

■ 问题：是销售产品还是提供服务？

◇ 重点：如果产品，甚至是制造产品的机器符合发明的要求，则可通过申请专利权保护你的专有权利并获得竞争优势。如果是提供服务，则需小心保护商业机密，并弄清你的工作是否受著作权保护。如果你在服务业务中使用商标，有可能无法在一些国家申请注册此类商标，并因此需要对使用所提供的服务开发产品线，以确保在全球范围内对商标进行保护。

■ 问题：公司是否创造知识财产？

◇ 重点：如果你的公司创造知识财产，则应给予知识产权保护足够的重视。对每一个作品，要保证保护工作在发布前已就位。你在工作中作为雇员或其他什么人创造了知识财产，那么谁将拥有它们呢？在完成作品以前，所有权应以转让书和许可证协议或雇用创作合同的形式予以澄清。

■ 问题：你是出售单一的产品或服务、一系列紧密联系的产品或服务，还是许多不同种类的产品或服务？

◇ 重点：每一项发明都应由独立的专利保护，每一个设计和商标都应由独立的注册权保护，每一个作品都应由独立的著作权保护。如果出售多种或一系列产品或服务，就要确定每一种产品或服务的名称和商标。并随产品或服务的变化或扩张增添越来越多的名称和商标。要记住，最成功的公司拥有经久不衰的品牌形象。应该确定一个有力的、核心的名称或商标来保证回头客和品牌忠诚度，并一直用它来标识所有的产品或服务。不管你有多少个二级商标或名称，消费者识别的往往是核心商标或名称。核心商标或名称最终会作为知名品牌获得国际认可，这样也增强了对它的有效法律保护。

■ 问题：公司可以使用他人研发和制造的发明、产品、作品或服务，并将其作为自身业务的一部分吗?

◇重点:你必须通过恰当的许可证或其他许可形式来尊重他人的知识产权。需要清楚什么样的行为构成侵权以及如何才能避免侵权。如果你接洽其他公司或竞争者的目的是合作,了解有关反垄断、不公平竞争、非法商业联合的法律同样很重要。

■问题:公司有一个专卖店还是多个专卖店?

◇重点:在每一个用到或可能用到知识产权的地区,你都应该保护它们。你需要建立一个机构和体系,在销售、促销、许可、特许连锁中对人们进行知识产权教育,并且列出在保护知识产权上能够给予他们的帮助。你也需要采取措施在不同的专卖店中保持品牌形象一致。

■问题:你是通过其他公司销售产品还是与其他公司联合销售产品?你雇用其他公司来制造产品或提供服务吗?

◇重点:如果消费者对于产品或服务的来源感到困惑,专有知识产权的价值将被耗损并逐渐丧失价值。最后,甚至你会失去知识财产所有权,除非有明显的迹象表明知识产权得到了保护。在创作时就应立即保护知识财产,应当要求其他公司签订协议严格认可你的知识产权并建立监督体系。作为知识产权创作者和所有者,公司绝不应把保护知识产权的责任交给制造商、特许经销商或被许可人。这是因为,如果知识产权的所有权变得模糊或不清晰,就会丧失权利中的专有性。

□ 核心市场的本质是什么?

■问题:销售产品的对象是制造商、其他商家或服务供应者、最终消费者,还是这几种都有?

◇重点:知识财产的本质部分取决于购买产品或服务的主体。例如,为了从最终消费者那里吸引源源不断的回头客,很可能需要引人注意的商标和商业装潢。但是,制造商对产品包装不感兴趣,而对产品质量和生产效率更感兴趣。为防止其他制造商抄袭发明,专利权对保护发明特别重要,但最终消费者不太可能有资源和意愿来抄袭和发布他人的发明。在许多国家,著作权不需要注册就可自动生成,但如果注册有效,就可以凭借额外的赔偿方案来对抗侵权。

■问题:公司经营的地域范围是什么?是街区、城市、国家,还是整个世界?

◇重点:随着公司业务从当地市场扩展到世界,知识产权作为消费者了解产品或服务原产地及质量的标志变得越来越有价值。例如,如果公司仅是一家小型社区面包店或自营修理店,那么公司的顾客是你的朋友和邻居,他们很了解公司，因此你无须在商标、专利或类似的东西上花费很多的时间和金钱。即使有人用类似名字沿街开店，你的朋友和邻居也会了解其中的差别。如果蛋糕非常美味或燃油转换系统很有效率且节约成本，以至于你决定扩大公司的营业区域，那么你将向丝毫不了解公司的消费者开展营销活动。在获得消费者认可并带来回头客的过程中，在公司成功的过程中，此时知识财产就成为代表公司商誉和名望的主要因素。

提示 🖙

　　鉴于当今社会电子商务的发展趋势，公司发展的地域限制变得越来越无足轻重。一个只经营本地业务的公司如果决定创办网站，那么这家公司就越过边界进入了世界市场。因此，知识财产会表现出自己的生命力，其价值超出你日常生活范围所在的 100 平方英里，意识到这一点至关重要。

　　■ 问题：潜在市场有多大？

　　◇ 重点：知识财产战略应该反映出市场的大小。你想吸引数以千计的消费者或在一个小而有利可图的市场上销售吗？为了在多层次国际市场中占据充足的市场份额，商标要有吸引力、有创意并且具有文化中性的特征。大市场可能需要一整套知识财产，对于小却有前景的市场，公司的知识财产战略很可能侧重于满足顾客的特定偏好。

　　■ 问题：是否确定了主要竞争对手并对其进行了研究？

　　◇ 重点：了解竞争对手及其市场份额，有助于制定自己的知识财产战略。如果不能对无意侵权行为提起诉讼，至少这种侵权行为也会有不好的公开示范作用，因此应该开发自己独特的知识产权。通过研究对手成功的因素后，你可以使用一种不同但一样有吸引力的理念并将其引入竞争，或者你可以将自有知识财产转向不同的市场，合法地通过公平竞争慢慢地削弱其市场。

□ 知识产权对公司有重大价值吗？

　　■ 问题：研发产品或服务在公司业务中占多大比重呢？在产品营销上呢？在知识财产上呢？

　　◇ 重点：知识财产战略应能反映出公司在研发、市场营销和赢得消费者信任上的投资规模。如果在市场调研、新产品研发、外观设计、竞争者跟踪、广告制作、促销、制造和运输等方面进行了大量的投资，那么也应该为保护知识产权做好充足的准备。采用强有力的知识财产策略和准则，可保护全部的投资并实现公司的潜在价值。

　　■ 问题：你打算用名称、商标或商业装潢来吸引消费者吗？

　　◇ 重点：如果公司的名称、商标或商业装潢在促销和品牌形象上起到重要作用，你应该用所有可能的方法来保护它。不仅如此，保护好对竞争者有吸引力的每一个元素也很重要。如果吸引了消费者，侵权者就很可能瞄上你的知识财产。

提示 ☜ ═════════════════════════════════════

　　如果已经创作了一项设计或徽标作为商标或商标的一部分，你就应该将其与所有单词或名字分开去获得商标注册。正如在各种图案和插画中的使用，著作权注册可用于保护商标。在对抗侵权中，这种保护不仅可在本国也可在遵守《伯尔尼公约》著作权条例的外国增加可得的法律赔偿。比起提供跨境商标保护的国际条约，加入《伯尔尼公约》的成员国更多。

═══

　　■ 问题：公司营业收入是基于发明或设计的专有使用获取的吗？

　　◇ 重点：如果发明或设计的专有使用权很重要，无论想在哪里使用知识财产，你都需要得到专利和设计的注册权。在提交注册申请之前，需要采取严密的措施防止公开披露。在大多数国家，只能在特定时间段内提交专利申请，通常是在发明被公开之前或之后的一小段时间内。如果不能及时递交注册申请，发明就被认定为公共财产。

　　■ 问题：公司收入来源是基于作品副本的专有发行权吗？

　　◇ 重点：在大多数国家，从作品表示到有形媒介上的那一刻开始，作品就受著作权保护。然而，除非对著作权进行官方注册，否则无法获得法律救济。

　　■ 问题：公司拥有独特的产品、体系、项目或其他特色吗？

　　◇ 重点：为保护知识产权，应该谨慎地确定所有的知识财产并将其视为商业机密。应当与现在的员工、以前的员工、办公官员和其他承认知识财产的人签署保密声明和协议，在可能的情况下也要签署非竞争条款。虽然这些不能阻止知识财产的外泄或被先前的相关人员使用，但可以为起诉披露知识财产和不公平竞争并索取损害赔偿提供足够的理由。同时，应该构建安全程序来保护在知识产权上的投资。

□ 你有什么想法和计划拓展公司业务和扩大市场？

　　■ 问题：你是否考虑创建新分支机构？

　　◇ 重点：你需要决定给新部门的主管安排什么工作，是否需要亲自监督他们以及如何监控操作质量及销售数量。你也需要一个特别具体的协议，在授权他人使用的同时保护知识产权，并需要一个独立于承包商的知识财产监控系统。

■ 问题：你正在考虑提供新的产品线和服务吗？

◇ 重点：你需要决定是利用自身的研发成果，还是通过收购别的公司及其知识产权来扩大公司规模。作为此决定的一部分，你需要考虑有关新产品和服务知识产权的使用。使用最初的商标吗？创建一套新商标？申请新的著作权？申请新的专利？公司的扩张应该与已建立的品牌形象紧密相连。

■ 问题：公司会和其他公司合作制造产品或提供服务吗？

◇ 重点：增加设备通常需要获得投资，建立更大的工厂或增添销售网点、为其配备人员并进行宣传。就所花费的成本和劳动来说，许可协议或类似的协议通常更有效率。虽然要与其他公司分享收入，但公司可因它们提供设备的责任而将延误时间减到最短。随着公司知识财产闻名遐迩，公司通常会制定销售协议，以此授权其他公司使用其知识产权生产不同产品或提供不同类型的服务。通过这种方式，产权所有者能够对不同产品和服务种类的知识产权进行保护，更有效地对抗侵权行为。为了保护知识产权，在任何情况下都应该小心谨慎地斟酌并起草这些协议。

■ 问题：是否想吸引不同类型的市场，扩大市场吸引力？

◇ 重点：进入一个市场而后扩展到另一个相关的市场，这种现象对公司来说很常见。例如，书籍的作者、服装生产商、玩具制造商通常根据儿童和成年人的喜好开发产品线。如果跨市场的吸引力很重要，那么你最主要的知识财产应该相当中性并具有广泛吸引力。同时，应该考虑开发与每条产品线或服务紧密相关，并且可随跨市场战略的改变而修正。

□ 就时间、收入、市场和文化偏好、贸易和行业惯例等而言，其中的因素是什么？

■ 问题：公司运行的时间框架是什么？

◇ 重点：创建知识财产需要时间，在被公开披露之前保护它也会产生额外的延迟。为使公司的知识财产尽快商业化，确立可行的中期目标和最终期限至关重要。否则，就会在研发和保护知识产权上浪费很多金钱及时间，以至于错失市场良机。

提示 ☞

为使整个计划成为可行的商业计划，需要确定完成整个项目所需的时间，此时应谨慎评估提议的每个细节，包括保护知识财产所需的时间。如果对于市场来说，确定的总时间并不可行，就要考虑是否把大计划分解为几个小计划。创建核心品牌形象最重要，可以先提供几种产品或服务并发展成核心品牌的一部分。当知识产权保护到位且营销开始时，你可以就初始计划的其他方面开展工作，进一步拓展并充实公司产品线。这个策略也使你能对最初产品的公众反映进行评估，如果需要的话，可以在进一步投资前做出调整。

■ 问题：公司业务如何受限于市场？

◇ 重点：你应预期到把产品销往目标市场可能出现的难题。你是否已考虑了会影响销售的各个因素，包括文化认可度、政府监管要求、对产品或服务的限制、运输和基础设施问题等？商业计划应包括可能遇到的一系列困难、解决难题的方案以及为实施监督方案而确定的中期目标。

■ 问题：你的公司有什么传统？所在的行业或贸易中有什么传统？

◇ 重点：在公司、所在行业或贸易中，确定传统做法很重要。因为这些惯例将影响到观念和政策的取向。虽然传统很重要，但不应始终左右公司的最终决定。新理念通常会提升公司的竞争力。

■ 问题：你的财务限制是什么？所投入的资金如何分配？

◇ 重点：如果丧失知识产权并被竞争对手获得，对知识产权保护所进行的任何投入纵然再加上一些也是远远不够的。另外，如果在保护知识产权上的投入占用了公司的全部收益也不合理。知识财产战略应该包括考虑周全的预算方案，对未预期事情的存在保持一定的灵活性。

提示 ☞

严密的知识财产战略并不一定费用昂贵。更准确地讲，通过知识产权的创建及其保护，知识财产战略应该是为了节省资金。例如，如果秉持核心品牌形象，并未涉足大量无关产品线，就可节省时间和劳动，因为你不必不断创建和保护新的知识财产。如果采用非常独特的、创新性的知识财产，就可以花费较少的时间和金钱对注册进行说明。如果开发出可阻止他人轻易拷贝知识财产并能跟踪授权制造商非法生产未授权产品的保护性设施，就能降低执行成本。这些内容将在下文进行更详尽的阐述。

把知识财产战略和预算有机结合

如果你阅读这本书的原因之一是正在考虑着手实施公司的知识财产战略，

那么此时你要思考："这里的底线是什么？"

在新建公司时的倾向是，无法提供确保成功的足够资金，并且这种倾向会影响到知识财产战略的制定。尽管预算很重要，但从一开始就扣减在知识产权保护和实施上的花费，会导致这笔支出随时间流逝越来越多。因此，预算必须给予你的投资足够的保护——公司的商誉和成功就指望它了。

在确定预算并用其限制知识财产战略之前，你应该认真思考下列问题：

1. 在美国，强制执行商标权的单个法庭诉讼案的平均成本高达 13 万美元。保护专利权、著作权和商业机密的诉讼过程更为复杂，因此费用也更昂贵。

2. 在世界范围内注册商标可能在 2～3 年花费大约 40 万美元；在 30 个国家递交初始著作权申请的花费是 3 万～4 万美元；在 10 个国家递交初始专利权申请的花费是 5 万～7 万美元，具体数字取决于各国的情况和申请过程的复杂程度。另外，从一些国家的侵权者手中买回知识财产，通常在每个侵权者身上的花费要超过 1 万美元；每起为收回海外专有权的法律诉讼成本可超过 4 万美元，甚至为撤销他人注册而提起行政申诉的费用也会超过 5 万美元。同样要记住的是，任何法庭诉讼和行政诉讼都会耽搁很长时间，在此期间，你的知识财产所有权以及对知识产权的保护都处在不定状态。

3. 与他人争夺知识产权可能给公司带来负面的公共形象。公司与其被看成是公共利益的强大保护者，不如被看做必须从弱小者、个人和当地企业收回知识产权的防卫者。另外，如果你在某个特定国家失去知识产权，就必须修改知识财产战略，开发新的或更合适的知识财产，并且在修改后的知识财产上投入更多金钱进行公开宣传。

在知识财产保护上的投资并不意味着花光预算。在知识财产上的资金投入总额取决于两个因素。首先，所投入的数量应该反映出知识产权对于公司的价值。如果你不打算从店门口向外扩展出一个十英里的半径，可能就不值得保护知识产权。其次，精明的管理能降低知识财产的成本。应该计划从一开始就让知识财产随公司成长而不断成长，并且一开始就采取保护性措施，不断使用创新方式执行知识产权。因此，如果你创造并使用了一种既有效率又有效果的知识财产保护体系，知识财产将成为公司的资产而不是负债。

一定要做出合理的成本—收益分析。在分析中，要考虑到短期成本和长期成本以及如何以最少的金钱实现最大的保护。不用巨额的花销也有办法保护知识产权。完善的知识财产战略通常会结合多种方法，不仅能使知识产权的保护最大化，也能最大化公司的潜在收入。

执行战略：把知识财产和公司战略结合起来

在关注公司知识财产的研发及其保护措施之前，应该确保知识财产已和公司战略有力地结合起来。知识财产战略应该成为公司的基石之一，应得到与公司其他方面相同的重视。你应该考虑以下可能适用于公司特定情况的因素：

◇ 知识财产战略应与市场销售计划相互支撑。在开展新的促销活动或开发新的市场时，知识产权保护应该是首要影响因素。通过知识产权研究和搜寻过程，可以弄清所有的新产品和促销活动，并限制受到侵权的风险。

◇ 为获得并维护公司商誉——你的名誉和公众对公司的认可度——付出的努力，应该与公司的知识财产战略紧密结合。利用知识产权可以增强公司的商誉。

◇ 公司的管理制度应该对公司知识财产需求做出积极反应并承担责任。不允许任何部门或员工免于培训和免除对公司知识财产政策的定期复习。

◇ 应该采取主动出击和被动防御的措施来保护知识产权，将其视为整个公司运营成功的关键。同时，这些措施应作为公司整体战略的一部分得到积极贯彻落实。

◇ 在生产的时间表和产品开发中也应将知识财产保护考虑进去。类似地，知识财产战略不仅要如实反映技术的快速发展，也要反映市场中产品和服务的快速变化趋势。

◇ 已注册和未注册的知识产权都有价值，可在财产注册时相应增加公司资产的价值，并表现在资产负债表中。

◇ 定期盘点公司资产时，应该包括已注册和未注册知识产权及其价值的评估。

◇ 在做公司的财政计划时，应该考虑知识财产的快速增值，特别是当此价值使公司在投资和金融领域更有吸引力的时候。

◇ 应该对知识财产战略进行定期审查和调整，并把它看做公司年度商业战略会议的一部分，此时要考虑前期绩效和未来的目标。

如果公司知识财产战略和公司战略不能结合，就可能导致公司销量损失、信誉受损、市场份额减少和最终倒闭。当代商业中的例子有索尼电子，它就是被迫以这种形式退出主要市场的。索尼电子起初是 beta 型录像带的唯一制造商，在市场中拥有竞争优势，因为 beta 型录像带的质量优于其竞争者生产的 VHS 格式录像带。然而，每次竞争者极力推销 VHS 录像带时，索尼都不能在本国消费者市场上对自己的产品进行成功的营销和支持。由于 VHS 录像带充斥市场，所以零售商和消费者开始认为 beta 型录像带是过时的型号，再加上其他几个起作用的因素，beta 型录像带从消费者市场上消失了，即使专业电影摄制组青睐 beta 型录像带的超级质量也无济于事。

实施战略：预防性措施

☐ 选择知识财产

最佳的防守通常就是很好的进攻。强有力的知识财产战略有助于注册和保护知识产权、制止侵权行为、提供对抗和阻止侵权的平台，并且支持对损害赔偿提出的权利要求。知识财产战略最初的力度取决于你选择用于公司的知识财产。选择知识财产时，应该把以下注意事项考虑在内。

■ 创作过程。你可以用很多方式创造知识财产。选择如何创造以及在哪儿创造知识财产完全取决于你。然而，无论什么时候创造知识财产，都应该关注以下两个基本方面：

1. 什么样的产品有销路？什么样的产品吸引购买者和投资者？

2. 什么类型的知识财产容易保护？

这些问题的答案因知识财产的类型不同而不同。对于下列各种知识财产，需要考虑多种因素：

■ 专利。

◇ 一定要确保发明能起作用，至少理论上可行。因为只有发明具有一定的商业意义才会获得专利保护。

◇ 一定要关注能够被世界范围内的注册处广泛接受的发明，确保在新开拓的市场上也能得到保护。

提示 ☞

如果认为发明得不到专利保护，就不需要注册了。举个例子，发现自然规律不能被授予专利权，同样，研究出数学计算公式也不行。在美国，专利保护的范围相当宽泛，涉及其他国家专利法规之外的领域。例如，美国认可贸易方法专利，这在世界大多数国家还没有被认为可申请专利保护。通过在所有相关市场获取实用新型专利来加强对知识产权的保护，并通过在美国获取专利以及在其他国家作为商业秘密加强对商业方法的保护。对于注册的注意事项，参见第 6 章。

◇ 一定要仔细斟酌发明是否新颖。一旦发现任何已存在或出版的发明、备忘或其他资料（"先有技术"）与你的发明相同或类似，就要考虑你的发明是否是先有技术的改进或能与先有技术进行区分。

提示 ☞

即使你找出了先有技术，如果先有技术不能表现出你发明的全部特征，你应能区分它们以保护自身的专利。

◇ 一定要确定发明的实际新颖之处，也就是它能产生出人意料、令人惊讶结果的地方。

提示 ☞

如果发明只是一个平淡无奇的想法，任何在技术或工业领域有普通技能的人都能从现有技术中得出此想法，那么它就不能获得专利保护。

◇ 不要停止对天然物质和一般自然规律的探索。尽管不能被授予专利保护，也要找到创新的方法来利用和加工这些物质或使其与有用的发明相联系。
■ 著作权。
◇ 一定要使你的作品独立于他人作品，也就是说，无论观点是否新颖，要确保观点的表达方式由你原创。

提示 ☞

著作权保护只对原创作品有效，意味着作品由创作者独立创作。"创新"并不是指作品依据的观点创新，而是指其表达方式创新。即使以存在多年的观点为基础进行独立创作，作品仍然受著作权保护。例如，独立设计了会说话老鼠的漫画家，有权要求著作权保护，尽管在许多作品中会说话老鼠的卡通创意（例如"米老鼠"）已经被使用好多年了。

◇ 一定要为作品添加有表现力的设计，否则它只是一个实用产品。

提示 ☞

著作权不会保护纯粹实用的作品。然而，出于表现目的创作的作品可申请著作权。例如，形似并装饰成狮子模样的咖啡杯，其设计符合著作权要求，因为设计本身并不决定如何使用这个杯子。

◇ 如果材料从公共领域获得或从著作权所有者手中经授权获得，一定要对来自早期数据的作品或其他作品进行编纂，并以新颖的方式对其进行组合和整理。

◇ 禁止抄袭他人受著作权保护的作品，除非你愿意把作品归功于他，或从他人手中获得使用这个作品的许可。

◇ 禁止创作可能被认为有伤风化、不道德的、社会不能接受的或有损于社会的作品。

提示 👉

在一些国家，著作权不会保护此类作品，并且在一些地区，也会限制或完全禁止此类作品的销售。大多数国家会有一个程序，第三方可依此程序争取对这类作品的保护，通常会涉及法庭诉讼费用。

◇ 不能仅创作一组印刷形式的作品，而要通过富于创新的注解文字和表达为作品添加独创性，这样便可获得作品的著作权。

◇ 不要仅通过陈列或复述事实而丝毫不含任何新颖的表达和表现来创作作品。

提示 👉

事实属于公众领域，因此仅陈述事实的作品不能申请著作权，但可能通过对事实的表达获取著作权。

■ 商标。

◇ 一定要发明或创造一个标志，除了识别你的产品和服务外，它在任何语言中都应没有歧义。

提示 👉

就保护而言，创造出的词汇是最有力的商标。它们被认为具有自身独特性（"内在独特性"），因为它们是个人形象的产物，因此可认为相同或类似的副本构成侵权。著名创造商标的例子包括照相机中的柯达"KODAK"、医药中的泰诺"TYLENOL"、软件中的微软"MICROSOFT"和计算机芯片中的英特尔"INTEL"。

◇ 一定要选择短小精悍、有视觉冲击的标志做商标。

提示 ☞

　　除商标外，许多公司还注册标语，但其关注点仍在最初的标志上。通过商标注册对标语进行保护非常有效，但要根据标语的长久性来权衡费用。如果标语会随着时间和市场改变，你可以把标语看做商业装潢的一部分进行保护，或通过注册著作权来保护。

　　◇ 一定要考虑有较强节奏感的标语（如知名品牌麦当劳叔叔"Ronald Mc-Donald"）。

　　◇ 一定要选用有强辅音和元音且设计简单明了的标语。

　　◇ 一定要选用能使人不经意间想起产品或服务的标语。

提示 ☞

　　在选择提示性商标时要小心避免单纯叙述性，因为尝试使该商标在众多商标注册处注册的过程，需要花费大量的时间和金钱。例如，为一家循环播放电影的广播公司选用"ENCORE"标志，但"ENCORE"在字典中有"应邀做重复表演"的意思，因此这个商标存在有争议的叙述性，在审查条例严格的国家很难获得注册。

　　◇ 为在市场中获得预期份额，一定要考虑商标是否为公司创造了合适的形象。

　　◇ 要确定已考虑了各种新的技术，包括网络域名、全息产品标签、灯光符号和电脑游戏，选择可以转录到任意媒介的商标。

　　◇ 一定要检查所选用的商标在当今世界主要的语言中是否有字面意义（在声音和拼写上），特别是英语（包括加拿大、美国、印度、南非和澳大利亚以及这些国家的属地所使用的英语及其派生形式）、汉语（普通话和粤语）、日语、韩语、希伯来语、法语、德语、西班牙语、意大利语、印地语、俄语和阿拉伯语。

　　◇ 一定要考虑所选商标的持久性和潜在派生形式。

提示 ☞

　　代表时尚和短期潮流的商标通常不是很好的投资。这种商标可以成为二级商标，递交一次申请并且不再更新，而你的核心形象标志应当有长期吸引力。

　　◇ 不能选择与产品或服务毫无关联的描述性或通用词语。

由对产品或服务进行通用或直接描述的字母或图像构成的商标，在大多数国家是很难获得注册的，如果不是不可能。因为所有的公司都有合法权利使用它们。另外，从消费者角度来说，这种商标是无力的，因为它们缺乏强化购买者记忆的识别特征。若有证据表明这样的商标通过商业使用已经获得了派生含义，并且消费者认可其与商标拥有者产品和服务之间的联系，那么就有可能获得注册。例如，美国银行"BANK OF AMERICA"的标志就有使用其衍生含义的证据支持。但是，最初既然选择了毫无特色的商标，为什么还要历尽艰难、花费成本来为它辩护？

◇ 不要选用类似于或让人联想到竞争对手商标的商标，否则会指控你侵权或不公平竞争。

提示 ☞

在产品标签中也要谨慎使用描述性文字。对于描述性文字的选择不能侵害竞争对手的知识产权，特别是为了相同目的选用其他词语时。举个例子，使用"KETTLE"作为商标的薯条公司赢得了一场侵权诉讼，对手是另一家把自己的产品描述为"KETTLE CHIPS"的薯条公司。在寻找侵权的过程中，法院注意到，尽管可以用壶（kettle）烹制薯条，但烹饪器皿的名字也很容易被称为其他的东西。

◇ 不能几乎不更改常见单词就作为商标，例如仅把单词中的"c"变为"k"。

◇ 不能使用在任何语言中语意或声音带有不道德的、侮辱性的、欺骗性的、粗野的、贬低的或消极意义的商标。

◇ 不要选择由高度浓缩、过时词语或缩略词构成的名称，例如叫做 micro、café、e-、.com、sport 或 blast。

◇ 不能使用涉及历史人物、英雄人物或名人以及著名地区的标志或名称。

提示 ☞

名人受到所谓的"公开权"理论保护，可免于对其名字和表演风格的未授权使用。他们会因你未经同意使用他们的名字或沿袭其表演风格要求获得赔偿金。此外，也没有哪个商人能对历史人物、英雄人物名字拥有专有使用权，而且这也会对公众产生误导。例如，商标"水牛比尔"中的比尔，是指过去在美国偏远地区巡回表演的一位著名表演者，现在这个商标已被用于各类货物和服务——薯条、饮料、足球队、房地产公司、保险公司，先在这里列出这几个，因此这个商标在消费者意识中几乎没有明显的影响。

◇ 不能把任何涉及国家、国旗、盾形纹章、红十字会、蓝十字会、宗教、政府首脑或在国内外享有盛誉的其他能与政府或国际机构组织（如红十字会、奥林匹克委员会）产生暗示性或官方联系的元素包含在商标内。

◇ 不要选择由随意选定的单词组成的标志或名称，也就是与产品或服务完全无关的普通单词。

提示☞

许多随意选定单词（如电脑中的"APPLE"商标、洗衣粉中的"TIDE"商标）的使用很成功，但这些品牌的成功是通过设计独特的长期促销宣传和激烈的合法竞争才赢得的。你可能会觉得很难保护一个任意选定的单词不被其他商人用于不相关的商品或服务中，因为随意选定的单词是语言中的常见词，任何人都不能要求专有权。这类单词既非发明也非杜撰，几乎不经任何创造力便制造出来。其结果是，执行起来成本高昂且过程艰难，并且在消费者混淆和不良公众形象上要冒较高的风险。

◇ 不要使用只包含一个最初意义为姓或名的单词商标，除非这个名字已通过公司商业运用获得衍生含义。

提示☞

虽然有例外，但通常名字不是商标的好选择。因为有相同名字的其他人也有合法理由使用它。为获得保护，必须同意商标具有某种可使消费者困惑最小化的共生特征。如果名字获得了衍生含义，这样的例子包括"DISNEY"、"JOHNSON & JOHNSON"、"GUCCI"、"HEINZ"和"FORD"，那么就可获得商标保护。然而，商标所有者必须有足够的取得衍生含义的证明，并且很可能为保持商标的专有使用而进行频繁的、持续的反侵权斗争。如果决定使用一个人的名字，不妨考虑由名字衍生出的商标，此类例子有"ADIDAS"和"ALMAY"。

■ 市场和行业调查。在选择知识财产时，了解公司所在市场和行业当前使用的知识财产很重要。你的发明、标志、商业装潢、著作权、商业机密及其他知识财产，需要与竞争对手的有所不同。只有了解竞争对手，才能把自己和对手区分开。如果你侵犯了他人的知识财产，即使是无意的，也会遭受重大损失，不仅表现在金钱上，也会在时间、劳动力、公共关系上有所体现，因为你需要这些因素来扭转局面。

市场和行业调查也会提供有关消费者偏好和投资者偏好的重要信息。花点时间跟踪调查主要竞争对手，弄清楚他们为什么会成功。将竞争对手所占的市场份额与整个市场相比，找出他们未涉足的市场部分。分析市场情况，看清他们是倾向于品牌、质量、价格还是其他方面。

在调查中，应该设法查明竞争对手实施的知识财产政策和战略。他们对知识产权的保护有多好？他们看上去严格执行了知识产权吗？他们在行业内成立了由业内人士组成的中央执行机构吗？他们用了哪些创新方法来保护知识产权？

最后，应该反思来自行业内知识财产保护的有用信息。基于公司执行知识产权的需要，已经产生了一个完整的行业。许多主要参与者——调查员、律师、知识财产代理人、品牌广告公司、网络和域名注册公司以及编码顾问——会提供关于知识财产选择的建议以及在创作后如何保护的相关信息。

■ 先有知识财产调查。在大多数国家，只有不存在相同或类似的先有注册，知识产权才能注册。对于专利权，发明必须"新颖"或"崭新"，即必须与"先有技术"不同。"先有技术"是指先于当前申请日期已在世界任何地方公开发布的（通过期刊、专利申请、新闻文章、会议论文等形式）相同发明。对于商标，至少在同一个国家，这个标志不能与任何其他先期递交的注册申请或已发布的注册商标相似或相同。在许多地区，不能复制或模仿此前已闻名世界的商标。对于著作权，作品必须具有崭新的表达。

对于能注册的知识财产，很重要的一点是确定他人是否对相同或类似知识财产要求过优先权。大多数知识财产注册处均可进行此类查询。另外，你也能依据其他信息来源和索引针对与你提议的知识财产可能发生冲突的知识财产进行搜寻。对于类似或相同的商标，可以通过行业期刊、杂志、网址、主要市场的电话号码簿、公司名录以及品牌和商标索引来查找；对于专利，可以通过科技文献、行业杂志、报刊文章或已公开的学术论文索引进行查询。

律师和专业查询服务机构可提供查询服务，很多机构也能为你在世界各地的数据库内进行查询。然而，在与它们签订合同并同意为查询付费之前，一定要精确评估它们在地域、时间和主题上的覆盖范围。查询费用很昂贵，因此应当谨慎地把查询说明缩小到竞争性知识财产最有可能已注册或使用的主要国家。

定期对在册知识财产进行查询有很多益处。查询可以帮助你对竞争对手的知识财产活动进行跟踪调查，洞察新兴技术发展趋向并发现刚进入你所在产业或行业的创业公司。已经注册知识财产的事实并不意味着已经开始使用。如果所有者尚未使用它，也许可以挑战该知识产权或得到强制性许可。

■ 认可度核实。为了在知识财产法律范围内顺利实施保护，应就知识财产认可度咨询律师。市场测试、行业洽谈意见和消费者调查都是核实知识财产是否有足够的吸引力来获取利润的方法。如果正在创造可申请专利的发明，你可能想要该模型的完美运作模型，但别忘了在全面保护好知识财产之前要保密。只有在咨询过律师相关后果并且保护工作准备妥当以后，才可披露相关信息。

☐ 构建震慑之墙

为对抗潜在侵权，慎重选择公司知识财产是先发制人的一种途径，而为产品或服务加强安全戒备则是另一种。像预防性医疗保健或健康维护，使用预防性措施对抗侵略，要提前针对预期可能产生的问题投入时间和金钱。预防性措施的成本通常远小于侵权发生后打击侵权的费用。如果公司针对竞争者几乎没有咄咄逼人的姿态，那么与公司总是为其知识产权斗争的情况相比，媒体的态度也会更友善。

预防性措施是制止侵权的创新方式。在制造商品的阶段为产品添加某种成分，使仿冒变得困难且费用很高，以至于侵权者望而却步，这可以包括特定的编码、代码，产品中或标签上不能复制且可跟踪调查侵权行为、非法进口以及未授权产品动向的密码。为确保消费者识别真货，应该在服务内容中增添更多的互动，如产品促销或发放不能仿冒许可证。全息技术、特殊纤维、特殊染色等多种预防性措施均可用于产品。

大众教育是一种非常重要但经常被忽视的预防性措施。广告宣传和促销活动向消费者强调为什么应该要真货以及如何从众多假货中识别真货。你也应考虑向各种媒体提供相关文章和信件，介绍对即将在市场上流通的知识产权表示尊重的重要性。你也可以加入制定相关知识财产法律、法规及政策的国际或政府机构。在许多国家，行业官员会亲自欢迎你的公司在当地落户，你将有机会向他们阐述在侵权发生前预防侵权的重要性。

☐ 确保产权清晰

对于公司中知识财产所有人的权利，与这项知识财产有过任何接触的人都应该很清楚。合作者应该事先就创作签订协议；员工应该被告知公司全部知识产权的信息并得到定期提醒；你应该通过清晰明确、可信赖的协议使所有的员工和合约人认可发明是雇用作品，并将其所有权让渡给公司。

对于发明，受雇用创作者被认为是专利权所有者，有权转让或把发明授权给第三方，除非雇用合同明文规定把所有发明转让给雇主。没有这样明确的转让，雇主仅仅获得默认的免版税使用许可。为保证明确的所有权，大多数公司也会要求受雇发明者就每一项具体发明签订转让协议。

确保和执行知识产权的责任始终应由公司保留。不要授权被许可人、特许经营人或其他间接代表获得注册权或与侵权者进行法律斗争。应禁止他人对知识财产做出任何改变、制作副本或副产品，并应要求严格按照协议条款利用知识产权以及对知识财产进行商业开发。应说清知识产权的所有权归公司所有，如果协议终止，知识财产的使用权、占有权及所有与其相关的所有权一并终止。如果允许他人代表你使用并更改知识产权，那么所有权就会模糊不清，最终可能失去它。

授权消费者使用的产品（如软件），应该有严格的协议要求消费者接受产品的使用方法。用于转移所有权的合同，如与制造商的许可协议、与服务提供者的特许经营协议以及所有其他合同，必须包含严格的所有权条款和知识产权保护条款。如果要求确保在当地获得合法性，那么应该注册所有类似的许可。

转让知识产权时，就像转让有形资产，需要确保转让合同有效。因此，合同应就注意事项、双方义务以及财产权转让做出规定，并获得双方对此的一致理解。为使合同对第三方合乎法律效力，必须对所涉及的任何已注册知识产权进行记录存档。

实施战略：避免陷阱

☐ 保留创作和使用证据

创新的证据——时间、日期、理念和表现手法——是取得知识产权所有权的创作者的责任（或负担）。在声称有第三方侵权或对另一方知识财产的注册提出异议并试图取消时，这个证明至关重要。有些国家认可第一个使用知识财产的人拥有所有权，在这些国家就需要提供证据；对认可首个递交申请者获得所有权的国家，为战胜第三方的注册，有时也需要使用这些证据。获得所有权的关键是记录创新的数量、质量以及条理性。

一定要保留所有的记录、简述和图画、概述、广告设计、初稿及最终发行稿，系列潜在产品和创意。其中的每一项都应该注明日期和时间。如果知识财产是发明，要保留与理论有关的带日期和时间的实验记录、承担的研究内容以及已报道的研究结果。

当你开始对知识产权进行商业使用或公开披露时，要对这种使用保留一份带有日期证明的文件。在这样的文件中，保存自己在任何商业形式中首次使用这个知识产权的样例，保存首次使用随后引入的每种产品或服务的样例，保存在任何特定的国家和宗教中首次使用的样例，这些（对保护知识产权）是非常重要的。为汇编广泛传播且持续使用知识财产的证明文件，应该不断地定期添加新的内容。这种文件还应包括注册副本、新闻稿、文章、财务指标以及显示公司的地位和公共认可度，作为在世界范围内保护、推进和执行知识产权所用战略和政策实施情况的所有其他材料。

为什么搜集所有此类文件？在许多场合，率先使用的证据很重要，提供这样的证据是知识财产所有者的责任。在许多国家，知识财产的最先使用者被认为是知识财产的所有者，即使另一个人首先成功申请注册；但是，最先使用者必须能够提供足够的证据。如果由于侵犯商业机密受到起诉，那么表明你作为创造此知识财产第一人的证据会无效。如果要求所有权的人能证明自己是第一个创作人和使用人，那么通常能够保护未注册的知识财产免遭侵权。除首先使用之外的在世界范围内长期、大量使用的证据，可在已变为驰名的商标中保留所有者权利，即使该商标尚未在发生侵权的特定国家注册。

以一种长远的眼光看待知识产权，这绝对是至关重要的。但是，许多公司在数年后会把记录丢进发霉的仓库，其他公司则直接进行销毁。所有标记知识财产的文件、记录、批注、草稿、概述、发票、目录、杂志报纸等，它们的重要意义经常被创造知识财产的人遗忘。未能保留充足时间和空间记录的公司，无法教育其员工有效证据的构成及意义，也无法构建有效的收集和分类系统。

提示

不要陷入此陷阱。知识产权战略必须包括搜集证据、编制索引和教育培训。知识财产政策应该严格保留这样的证据。向律师咨询为获得所有权、使用权和名誉权所需要的证明材料。一旦建立体系，就应该定期查看收集过程和所得材料，以确保被保留的材料相关且完整、始终采用标准程序以及数据检索有效率、有组织。

如果律师需要所有权证明和在全球范围内的使用证明，而你又没有坚持严格的收集政策，那么员工必须花费许多时间在成堆的箱子和架子上快速搜寻资料、在图书馆如大海捞针般搜寻、采访退休人员，或从遍及全球的区域销售代表中搜集零星信息。通常说来，销售和广告费用数字只写总数，并不分开写成特定产品、地区或国家的具体数字，如不加以保留，几年后休想获得这些具体数字。如果公司运行了好多年，最有可能发生的是许多这样的证明无法再次获得。即使能找到这些证明，迫于监管部门和法院规定的最后期限的压力，很可能意味着你搜集的证据被匆忙凑在一起，在巨大的压力下难以合理解释缺口。

☐ 处理未授权创意

世界上有数以百计的想要成为创作者的人，他们想通过你的公司看到自己创造的东西变成果实（当然是钱）。由于公司正在独立开发相同或类似创意的可能，使未授权创意成为引起公司焦虑的主要原因。如果公司独立公示自有知识财产，这对于呈递未授权创意的人提出的侵权申明就等于攻击。这样的起诉即使未立案，也会使公司在时间、金钱和公共关系上蒙受损失。

作为公司整体知识财产政策的一部分，制定出具体的书面政策和制度处理未授权创意很重要。这个政策最重要的特色就是对公司中负责从未授权创意中构建计划的所有人进行隔离。这个隔离过程应由两个部分构成。首先，必须教育公司员工，使其了解潜在风险并训练他们如何处理。其次，应该在公司里指定并训练一个专门人员处理所有的未授权创意，这个人应该不属于计划产生团队。

目前，领头企业常用的战略是，训练每个员工，使其察觉未授权创意出现时就立即停止阅读或交谈。员工被要求向公司指定人员就未授权创意进行回复（书信、电子邮件或其他形式），回答口头质询或讨论。被指定处理的人被要求在不读不听的情况下拒绝这个创意，并向想成为创作者的人发出公司政策的书面解释，并发表一个声明，确认所有与此未授权创意有关的通信和其他材料已经从公司记录中删除。

提示 🖐

也许你可以考虑通过出版物、简讯、网站和其他公共渠道发出告诫通知，提醒可能成为创作者的人，公司已经针对接受未授权理念事宜制定了严格的政策。除了最坚决的人，这种提醒可以制止所有其他人。而通过推荐程序，此人的往来通信将被转往他处。

☐ 在保护到位前使用知识财产

知识财产的出版或公开披露会造成产权价值流失。无论你是在发明、精心制作商标、编写小说或剧本，还是谱写乐章，一定要谨慎保护创作免于公开披露，直到所有权得到妥善保护。

在创作知识财产的时候，就应该安排某种方式进行保护。在完成创作以后，更需要加强对产权的保护。为了确保知识财产的价值受到了保护，记住以下提示点：

◇ 大多数国家都遵循把专利权或商标的所有权授予首先申请注册的人。因此，如果你在申请注册之前已向第三方披露了创意，那么此人很可能第一个递交注册申请并要求所有权。

◇ 一些国家认可第一个发明或使用未确定知识财产的人拥有所有权，但支持所有权声明的使用证明至关重要。在这些国家使用知识财产之前并不需要径直奔向注册处，但你要确定创造或使用证明合乎程序并能积极及时地起作用以获取注册。明智的行动流程是：首先，根据使用知识财产的意愿提交申请；其次，如果必要的话，提供使用证明来最终确定注册。

◇ 可以列出一个包括很多个人和公司的长长列表，由于他们在公示前没有保护好知识财产，在遭到损失以后才意识到知识财产的价值。"Magic Marker"的创作者就是一个例子，一旦向公共领域公开就不能收回再用了。类似地，标识"286"、"386"（对计算机芯片）在寻求保护之前就进入公共领域并被普遍使用，因此由相互竞争的商家使用时并不构成侵权。

◇ 创作者通常想把自己的想法转变为生意，但在提交专利申请之前这是无法实现的。如果为了检验发明并获得资金支持，发明者确实想构建一个实用模型，那么为了避免泄露信息，他需要小心行事。如果使用的意图明显但不允许公众不受限制的使用，那么实验性使用并不等同于先有技术。

◇ 就发明而言，先有技术的存在将阻止你在几乎所有的国家获得专利权。在大多数国家，任何公开披露和使用即使是无意的，也会启动一个非常短的专利申请最后期限。由于发明被公开披露，你在一个国家的专利申请将被其他国家看成先有技术。因此，你必须时刻准备行动，充分利用跨境认可申请日期的相关条款来捍卫专利权。

◇ 应该一直保护商业机密免于外漏。对于合格的保护来说，商业机密一定赋予公司竞争优势。商业机密没必要是崭新的或新颖的，但必须绝对保密。你应该提醒知道商业机密存在的员工，与他们签订书面保密协议，并训练他们处理商业机密材料。

□ 寻求法律建议

从精通知识财产问题的法律顾问那里寻求建议，怎么强调也不过分。律师能指出知识财产政策和策略中的漏洞，就所提议的知识财产提出建议，推荐预防性措施。为了提供与具体情况相关的建议，律师必须对你所处的产业或行业、市场、目前的知识财产概况和公司目标相当熟悉。但为律师准备并提供大量的材料，使其对上述方面有清晰的认识，这是你的工作。

提示 ☞

向律师快速、简要地介绍情况后就把知识财产政策的制定和实施交由律师独立完成，这种做法很不明智。律师不可能完全了解你的处境。尽管律师能就你行动的很多选择和法律影响提出建议，但他不能替你做出商业决策。

为确保知识产权得到持续的维护，保护范围也随业务增长和变化扩大，应准备好定期与律师会谈。如果公司很重视知识财产，制定政策时就应在理解知识产权合法性及其保护上花点时间。你也可以考虑让律师成为你为员工制定的教育计划的组成部分，或者至少满足销售部门、财务部门、研发部门及行政部门的高级管理需要。

第6章 确保知识产权的价值：创造之后的保护

作为交易者和消费者必须牢记一个简单的事实：知识产权是一种肯定，而不是一种防御。创作给你所有权，注册确认你的所有权。然而，仅凭对知识财产的创作和注册并不能在世界范围内阻止他人使用甚至注册相同或类似的知识财产。这意味着为了反对那些侵权的人，你必须付出努力坚持自己要求的权利；反之，你也有责任尊重他人的知识产权。如果你未坚持自己的权利，侵权者不会停止侵权行为。在任何可获取民事处分、刑事处分或海关处罚的地方，你都必须打击他们。一国的知识财产法可向你提供赔偿方案，但你（而非别人）必须积极地实施自己的权利来要求赔偿。

注册知识产权

□ 为何注册？

注册知识产权的原因很多：

◇ 倘若谨慎制定并实施知识财产战略，那么注册知识产权就是建立所有权并制止侵权的最省钱途径。

◇ 对其他商人而言，注册是表明你拥有知识财产专有权的公告。

◇ 在大多数国家，注册授予你利用真实注册通知的权利。

◇ 如果意图授权，或意图将创意或作品出售给其他公司，那么知识财产注册可为其提供快速通道，因为大多数公司拒绝查看未授权创意和作品。

◇ 可能最重要的是，按照法定程序的注册将给予你向侵权人索赔的权利，但法律只对合法在册的知识财产有效。事实上，许多国家并没有专门针对未注册知识财产受到侵权的赔偿方案。

然而，注册知识财产只是一个警告。你不应在所有可能的地方注册所有知识财产。在此过程中，你必须考虑两个极重要的因素：首先，制定详细的成本估价并将其作为知识财产战略的一部分，继而定期核查关乎注册和实施成本的知识财产价值。其次，记住注册实际是在建立公共档案。作为公告，它们在显示你专有权的同时，也将你的权利公之于众。

对即将公布甚至向公众宣传的商标，通过注册进行披露并不是问题。对于你打算授权（换句话说，在产业内公开）的一些创意和作品，为确保竞争优势和创新价值，申请专利是最好的途径。然而，以专利形式公开其他的创意和作品（例如秘密配方、配方或方法）就不是你真正想要的方式，最好是把它们当做商业机密锁在公司大厅。

提示☞

商业机密保护并不总是最好的方式。另一个商家会针对你合法投入到公众领域的产品实施"逆向工程"，然后你便无法再要求商业机密的专有权。但如果你已为产品申请专利保护，那么你的专有权至少会得到数年的保护。同样，并不是每个国家都必须保护商业机密，即使存在保护，大多也是通过法律程序满足。这些法律程序可以是常见的，也可以是不常见的；可以是复杂的，也可以是不复杂的。最后，请记住，如果你必须寻求对商业机密的保护，它很可能已经公开并至少损失了部分价值。

因此，在注册申请中，在公开最重要的商业机密之前，应该考虑注册后果，认真筛选出要注册的知识财产和不注册的知识财产，并根据公司的经济情况切实寻求法律建议，以便尝试解决其中的复杂情况。

如果决定不注册某些知识财产，作为知识财产战略的一部分，一定要确保为它构建了保护系统。此系统应包括保密协议和不披露协议，对知识产权的明确声明，严格的管理和监督程序以及对授权使用此知识财产的员工、特许经营人或其他人进行的培训。不要读到本章的注册部分就不往下看。一定要根据建议循序渐进地进行，因为只有采取有效措施宣传并维护了知识财产价值，它对公司才有价值。

□ 应该注册什么?

■ 专利、著作权、商标。全球、局部地区或国家范围内最常见的注册处受理传统类型知识财产的注册,如专利、著作权和商标。纵观历史,这些权利通过不同的渠道发展,其结果是专利只能通过注册获得,而著作权在作品表达固着在有形媒介的同时自动生成。一些国家实际上已经取消了著作权注册(如英国)。然而,在许多国家,即使未注册商标和著作权,它们也可通过法庭诉讼保护,尽管注册可获得额外的法定处理方案。

■ 域名。过去十年中域名注册日渐重要,目前已是至关重要的一件事了。然而,由于在可用域名、公司、服务器等方面的技术爆炸,域名注册也变得令人相当困惑。像澳大利亚和图瓦卢这些国家正在设置域名系统。用户和网站的数量每天都增加数倍。在实践和法律规范中,通常是像对待商标那样对待域名。为保护知识财产,最好的战略是将所有的主要标识都注册成域名。如果公司或商业名称不一致,也应一并注册。

■ 原产地名称。在产品或服务的标签上加上地理标志是一种惯例。特别是食品行业因产品标注原产地名称而闻名,其中最著名的名字之一是"香槟"。因为原产地名称并非创造性思维的产物,单个商家不能要求对其拥有专有权,所以从技术层面来说,它不属于知识财产。但是,它能起到类似于商标的作用,可以在来自不同地区和不同商家的众多产品或服务中凸显出你的产品或服务。如果在相关产品或服务中使用了原产地名称,应该考虑是否申请注册。

为了注册原产地名称,首先查明原产国是否有认可名称的注册处或其他代理处。假设存在注册处,必须判断此名称是否符合注册要求。原产地名称必须是作为产品源头的国家、地区或产地的地理名称,必须表明具有特别的质量和特点。因此,由于当地呈现的自然和人文特点产生了与其他产品或服务相比独一无二的或本质的区别。

倘若原产国是《里斯本协议》的成员国,一旦原产地名称在原产国得到注册,那么经过世界知识产权组织(WIOP)就可在全球范围内注册。通过以下成员国可获得这样的注册:阿尔及利亚、保加利亚、布基纳法索、刚果、哥斯达黎加、古巴、捷克、法国、加蓬、海地、匈牙利、以色列、意大利、墨西哥、葡萄牙、斯洛伐克、多哥、突尼斯和南斯拉夫。

■ 交叉注册。通过不同的注册方式来保护知识财产的不同方面,这种最优知识财产战略的优势可以纳入考量。例如,广告中使用的商业名称和广告语可通过商标注册得到保护,而艺术品、著作和热门歌曲可通过著作权加以保护。

商标标识可开发成织物图案，同时这个设计可以获得著作权保护。游戏软件中的角色受著作权保护，游戏名称可注册成商标，而程序本身可能又由独立的著作权保护。随着越来越多的元素进入产品制作，将有越来越多的知识产权需要保护：公司新型光盘（CD）盒受专利保护，广告语、标签设计、歌词、乐谱受著作权保护，印在标签上和印在光盘上的标志被注册为单独的商标，光盘上独特的彩虹颜色以及标签上持久的香味，其制作方法被作为商业机密保护。

提示 👉

评估公司知识财产，鉴定只是第一步。对每种产品或服务进行拆分，分出可得到保护的不同类型的知识产权至关重要。第二步应在法律顾问的帮助下实施，此阶段要检查不同种类知识产权注册的影响，检查这些注册对你业务和市场范围内的特定情况可提供的可行且有利的保护和救济范围。应该大量搜集信息，以便考虑是否对知识财产进行交叉注册。

☐ 应该去哪里注册?

知识产权注册最开始是在国内。这就意味着如果你是在一个国家获得的注册，那么你的知识产权不会在全球范围内得到保护。当然，在实现知识财产价值并从中取得收益之前，在各国国内进行注册就意味着预付费用，这可能与当期预算不相符，也不符合风险成本分析的结果。

大多数公司根据公司发展的地域规划来构建知识产权战略。也就是说，它们将国家划分为具有最高优先级的国家、第二优先级的国家、第三优先级的国家等等。在地域层次的实现过程中，要进行中期审查，规划需要进行修改以适应市场、政局、产业以及公司政策的变化并在下一个阶段提交注册申请。随着公司在越来越多的国家注册，公司的知名度提升、市场范围扩大。

选择最高优先级国家为公司知识财产注册时，应该考虑这样的国家：

1. 在未来五年内，计划在这些国家出售或使用知识财产。

2. 对于你所处的产业来说，那些国家具有广阔的市场空间，即使公司业务在几年中还不会扩展到那里。如果公司瞄准了小而有前景的市场，这个因素尤其重要。例如，如果销售与冲浪和潜水有关的器械，应该在这种运动普及的国家注册你的知识财产。

3. 在这些国家，你的知识财产通过媒体为人所知，媒体使你的声誉外溢到其他国家并创造了新的市场需求。特别地，考虑那些有强大的旅游观光产业、区域贸易协定和著名进出口清算中心的国家。

4. 知识财产可能遭到侵犯的国家，尤其是产品很可能出口或进口到具有最少海关条例限制的国家。

在第二级和第三级地域层次上，应该挑出下述国家：有次级市场，知识产权注册很容易且费用不高，在首次提交知识产权注册申请后必须在特定期限内再做出申请。这些中间层次的国家往往包括那些依据国际和区域条约就能得到注册的国家。那些具有更少优先权的国家可能会包括那些政局非常动荡的国家（除非你售卖武器）、基础设施欠发达的国家（除非你所处的就是基础设施行业）以及非常贫穷的国家（除非你在那里已经有市场）。

□ 如何注册知识产权？

在许多国家，知识财产注册申请可由财产所有者直接提交，但有时必须聘用国内的代理人（来提交注册申请），除非知识财产所有者已经在那里有居所或开设分支机构。然而，强烈建议雇用法律方面的专业人士来实施公司知识财产注册计划。因为对于毫无经验的人来说，递交多个全球范围的知识产权注册任务复杂且耗费时间，它涉及不同国家的法律和代理机构，截然不同的程序、惯例、截止日期和提交要求。甚至在同一个国家，不同类型的知识财产要符合完全不同的注册要求，并可能在不同的代理处或部门注册。对大多数公司来说，太多的差异使得与通过雇用知识财产律师或代理人来完成注册相比，直接提交注册缺乏性价比。

大致熟悉注册过程是很明智的做法，这样你就能提出恰当的问题、对所得到的指导感到满意并对知识财产的注册进行监督。下面对每一种传统类型知识财产的注册过程都以最基本的格式进行描述：

■ 著作权。在把作品的表达放到有形媒介那一刻起，这种表达就受著作权保护，而且无需任何注册即可获得保护。在许多国家，注册会提高可获得的侵权赔偿，因此是很明智的。

通过递交付费申请表及作品描述就可以得到注册，如果国家法律有要求，还需要同时递交作品的副本。如果作品是雇用作品、已注册作品，或作品中包含受他人著作权保护的材料，那么注册过程就有点曲折了。著作权注册处的官员通常先对这个申请做形式审查，就是审查申请表是否符合所要求的手续。在通过申请之前，检查者会要求申请人先在申请表上做出更改或（对作品）做进一步公示。一旦接受，注册申请表会被归档，并向著作权所有者授予公告或证书。

著作权有效期根据各国法律会有所不同。最常见的是，个人拥有著作权的有效期是作者终生加上死后五十年或七十年。针对具体的所有者（例如公司、匿名作者和笔名作者）和特定类型的作品（例如录音资料和广播节目），通常把有效期设定为从首创或出版的第一天开始计算的固定期限，有时候会加上一到两个较短的延期。在著作权保护的最后，作品进入公众领域。

■专利。发明不会在被创造的同时自动获得保护。专利只有获得了专利权，才有专有权。

为了注册专利，要准备一份相当复杂的文件，通常包括发明摘要、详细描述、确定保护范围的权利要求、先有技术参考资料和技术制图。在一些国家，文件必须使用或被译成官方语言，然后把文件连同申请书和所规定的申请费用一起递交到国家专利注册处。如果申请人已经在别处递交了专利申请，并且当前可以基于先前的申请要求承认优先权日期，那么就必须递交额外的支持性文件。同样，许多受到转让（所有权从发明者手中转移到想开发专利的人手中）限制的专利权也被要求提交额外的文件来证明所有权的归属。

大多数国家的专利注册处将按照正规要求（纸张大小、必要费用、文件签名等）检查申请表。为使其符合规范，检查者要求申请人在申请表上做出修改。专利申请公示通常在政府官方日报上发布，尽管经常在申请提交日后的很长时间甚至 18～24 个月后才会有这样的发布。

少数国家认可并对那些此前在其他国家得到的专利权备案，在这种情况下不用做大量的检查工作，公布之后即可发出备案通知。大多数国家要做大量的检查工作，该工作会在申请人请求实质审查公布之后开始，然而不是每个国家都要求提交那个请求。不能及时递交请求可能会导致撤销申请。要就专利的创新性、先有技术、保护范围等进行相当严格的审查，如果必须改变，会通知申请人做出修正，同时为避免申请被取消，申请人必须在特定期限内提交修正。假定官方检查人员满意，专利就会被接受并获正式授权。

一些国家有一种流程，允许第三方通过这个流程反对专利的授权。异议期通常从专利注册处发出授权的官方通知开始，并持续几个月。专利申请人获准对第三方的反对做出回应，并为解决此问题对申请进行修正。然后，官方检查人员进行复查，如果觉得可以接受，就会正式授予专利权。

专利权有效期取决于国家法律，并且存在很多差异。在一些国家，专利权有效期为二十年且不附带任何延期。其他一些国家的专利权有效期为五年或十五年，允许进行延期以获得最长为二十年的保护期。对于外观设计、职务和其他特殊发明获得的专利权，有效期较短，有时是十年，附带或不带一个五年的延期。大多数国家征收专利维护费或专利年费（从根本上说是财产税），必须按年或固定周期缴纳这些费用，以保持专利有效。一旦专利权流失，发明就进入公众领域。

■ 商标。为了形成更为统一的体系，尽管近年来通过国际贸易条约对注册系统的统一做了一些尝试，但各国对于商标注册的要求仍有很大区别。在许多国家，注册失败就得不到任何保护，但在一些国家，依据法院发出的条文、规制不公平竞争的法律和贸易条例，即使注册失败也可得到最低限度的保护。

注册过程一般会涉及提交带有支持文件的申请书，其中支持文件包括确定申请人是商标所有者的公告或宣誓文件、来自申请人所在国的注册证明、商标在特殊格式中的大量不同表现方式和副本。如果申请人希望根据他在其他国家的先前申请确定提交日期，那么必须递交额外文件来支持这个权利要求。任何转让和授权协议的证明也必须同时上交，但通常可以通过递交引用合同内容的证书或其他类似文件来避免公开整个合同。

在大多数注册处，在对申请表进行实质检查之前，会按照某种形式先行检查。在检查期间，注册处的官员会发布一些通知、对澄清或修正的要求，或对申请人提出异议，申请人会得到一个很短的期限来做出回应。假设申请人最终让注册处官员满意，那么申请表最终也能得到批准。此时既可以公布申请书，也可以在注册后再公布申请书。在官方日报上的公布会开启商标接受第三方反对的较短异议期。如无异议，则商标得到注册，申请人确认申请。

随着各国加入国际条约，商标有效期逐渐变得更为标准。最常见的有效期是十年，但初始有效期可以进行无限制延期（每次延期也是十年）。延期可能要根据此商标在这个国家使用的证据而定。未能成功延期的商标就进入公众领域。

□ 应该何时注册知识产权？

在注册知识产权时，时间是很重要的影响因素。如果耽搁的时间太长，你很可能使权利流失到公众领域中；但是，如果你在还未准备好进行全球注册时提交了申请，也会因权利流入公共领域而失去知识产权。国际条约可在较短时间内（半年到一年）保护你的产权，但仅限于已签订条约的国家。你需要就此找到平衡，最好是在法律顾问的帮助下完成这项工作。记住下面这些经验法则：

◇ 著作权。在大多数国家，当作品的表达被记录到有形媒介中时，著作权自动生成。然而，一些国家只有在注册后，针对侵权的附属法定赔偿方案才有效，并且侵权必须发生在提交注册申请之日后。

◇ 专利权。如果发明已向公众公布，就无法获得专利权保护。公布的申请被看做先有技术，并不是所有国家都允许申请者在发明公布之后获得申请宽限期（6个月到1年）。因此，在注册被先有技术阻止之前，在较短时间内向所有目的国申请专利权是至关重要的。

◇ 商标。对于商标权何时会流失到公众领域，并不存在具体的期限，但很多国家遵循在先申请或在先使用的原则。这就意味着，在进入市场之前你可能已把商标权丢给了在先申请或在先使用的当地公司。同样，在一些国家，只有在发生侵权之前得到注册的商标，才有权利要求针对侵权提出法定赔偿要求。

使用知识产权提示

任何时候只要可能，你都应保证知识财产有权利提示。如果有注册，你能使用的提示很可能受注册国的法律管制。对于专利和商标，同样重要的是，注册颁布之前不要使用提示来说明你拥有知识财产，否则在一些地区会被处以罚款。

下面是知识产权最常见的提示类型：

著作权：著作权© [年份] [所有者姓名]

专利权：®或 Reg. Pat. [数字]

商标：™或®（但™通常指未注册商标）

商业机密：机密性质

七个简易步骤保护商标权

商标权的保护由你开始。使用商标的方式决定了你是否能继续要求专有权，或者该权利是否会流失到公众领域。应在公司文件使用和管理中遵循下述七个规则，包括合同、备忘录、广告材料、展示材料、包装、标签、信件、发票、通知和其他类似文件。对这七个规则设置最高优先权，以确保公司所有员工都了解并遵守这些规则。如果看见或听说第三方使用了你的商标，例如在媒体文章、字典、公司相关出版物、演讲和教育材料中使用，确保他们对你的权利很清楚并且也遵守这些规则。

1. 商标是独行者。

要采用可以把商标从周围文字中识别出来的方式使用商标。这可以通过全部使用大写字母或"首字母大写"来完成，至少要使用首字母大写。你也可以对商标使用斜体或黑体，如果可以进行彩印，要使用鲜明的颜色。假设遵循下列三条原则，一定要确定商标独一无二，并且任何时候都不要像对待商标那样对待普通产品的名称。

例子
FLYREELER 牌诱蝇膏
"Flyreeler" 牌诱蝇膏
Flyreeler 牌诱蝇膏

2. 商标是地位追求者。

不论何时，只要有可能，就要突出商标的地位。如果已经注册了商标，就要使用商标提示®或你向其提供产品或服务的国家准许的任何标志。另一个经常用来标出商标权的标志是™，第三种选择是对你的所有权添加带脚注的星号。你所使用的提示类型或能否使用提示，取决于你向其提供产品或服务的国家的法律。标志提示应该在所有的印刷品上至少出现一次，最好是与商标同时亮相。

例子
FLYREELER®牌诱蝇膏
FLYREELER ™
FLYREELER* * BugGone 有限责任公司的商标

3. 商标青睐好企业。

商标属于专有形容词，因而后面应该跟属于产品或服务通用名称的名词，而不是把它当做名词使用。无论商标在文字中的什么地方出现都要遵循这个原则，至少商标在第一次出现时应当正确使用。如果所用商标与多种型号的产品有关，那么就不能使用单个的描述性名词，而要采用含义更宽泛的词，例如用"产品"或"产品系列"替代。同样，应使用"品牌"这个词来降低公众将商标作为产品通用名称使用的可能性。

例子
FLYREELER®诱蝇膏
FLYREELER®牌的诱蝇膏
"Flyreeler" 牌产品
FLYREELER®牌产品系列

4. 商标不喜欢依附。

商标不是名词，不能占有其他东西。不要以所有格的形式使用商标，除非商标是所有格形式的（例如，MIMI'S®旅店）。

例子	
错误	正确
FLYREELER 的香蕉味每次都将苍蝇抓住。	FLYREELER®牌诱蝇膏的香蕉味每次都将苍蝇抓住。

5. 商标是单数。

商标是专有形容词，因此绝不能以复数形式使用，除非商标本身就是复数形式（例如 J. C. Penneys® 或 Mervins®）。

例子	
错误	正确
在大空间使用两份 FLYREELERS。	在大空间需要使用两瓶 FLYREELER 牌诱蝇膏。

6. 商标总是专有的，而不是通用的。

作为专有形容词，绝不能把商标当做普通的描述性形容词或动词使用。商标是用以辨别作为产品或服务来源的公司。商标不应用于描述产品的材料或服务的特征，也不应用于与产品或服务相关的功能。

例子	
错误	正确
FLYREELER®的电子捕蝇器易于悬挂在走廊灯处或厨房窗帘杆上。	涂满 FLYREELER®牌诱蝇膏的电子捕蝇器易于悬挂在走廊灯处或厨房窗帘杆上。
FLYREELER®那些讨厌的害虫。	在捕蝇器上使用 FLYREELER®牌诱蝇膏，家里今天就会没苍蝇。

7. 商标是其所有者的骄傲。

如果商标所有者的名字在文献、标签或其他文件中不明显，包括所有权公告。如果公司的商标和公司的名称不一样，那么这个规则特别重要。

例子
FLYREELER*
* 由 BugGone 有限责任公司为诱蝇膏注册的商标。

（需在 Stephen L. Anderson 的许可下使用，Anderson & Shippey, Irvine, CA. © 1997 Stephen L. Anderson。）

使用知识财产

除非把知识财产投入使用，否则创造它就是一种浪费。知识财产的价值会随使用而增加，并且作为回报，你将获得逐渐增长的全球顾客。许多国家（包括美国、加拿大、墨西哥、土耳其以及英国）对于已注册知识财产的持续注册规定了使用要求。另外，如果未在合理期限内使用知识财产，许多国家就会对你的注册颁发强制性许可。

除了直接销售和表演之外，还可以采取多种形式使用知识财产，并且某一项活动是否符合使用要求取决于特定国家的法律。知识财产的使用形式可以包括无销售广告、免费为国内组织提供产品、通过跨境媒体宣传的广播和电影以及国际运输工具（火车、飞机之类）上的销售。制造和出口产品是使用知识财产的一种形式，通过授权制造商或生产商的间接销售也是使用知识财产的一种形式。

提示☞

在你需要证明所有权、公司知名度地域范围及个人信誉度的情况下，一定要保证持有使用知识财产的证明。如果你已经授权他人使用，一定要对已注册知识财产协议进行备案，此时他人的使用就可被认为是公司的使用。

如果授权他人使用知识财产，必须通过签署严密的许可证或特许经营合同来确保你继续拥有知识产权。另外，在签订任何协议之前，应该对他人进行彻底的调查，然后通过独立的方式对整个过程进行监督。在授权许可和特许经营协议中采取了错误的强硬立场，可能导致知识财产价值流失，甚至失去知识财产本身。如果正在向消费者出售许可证，或向公众进行表演，你就必须采取额外的预防性措施——比如不可复制、严格的录音和摄像政策以及反复宣传教育，因为一旦知识产权流失到公众领域，想抓住每一次侵权行为几乎是不可能完成的任务。

仔细审查：预防性维护

☐ 什么是仔细审查？

仔细审查是对信息进行独立审查和核实的过程，其中的信息是指有关公司的潜在交易及其有关当事人的信息。该过程一般是从对公共文件的公开和审查开始，比如公司、税收、名称及商标的注册情况，所有权和纳税记录，盈亏及财务报表等文件。然后，实施更深入的研究，查明会计程序，所提供信息的准确度，以及所涉及公司所有者的社会关系、背景和政治联系。

□ 在签署协议之前进行仔细审查

无论是授权给经销商或制造商，还是进入合资企业或其他商业关系，在把知识产权置于险境之前，仔细审查是"必须"要做的工作。即使在知识产权受到法律保护且其实施受政府严格控制的国家，如果在签订合同之前不弄清事实，你也会陷入困境。

□ 仔细审查为何重要？

对于发现并评估可能涉及的风险以及公司投资成功的可能性，仔细审查意义重大。在与另一方建立任意业务关系时，独立评估往往能够揭示你提议的合作伙伴是否值得信任。你的名誉、财产、商誉等一切都维系于此。

当然，合同条款可以要求披露可疑的负债、交易和关系，但大多数情况下，潜在的业务伙伴不会让你知道他已经卷入诈骗或犯罪活动，或与有组织的犯罪有关联，或与政府部门有勾结。你可以要求质量控制，要求符合某个安全和健康标准、劳动保护和反歧视法律，但没有独立查证，你不可能知道这些要求是否得到了满足。

在下列情况，进行仔细审查可避免灾难：

■ 国际银行对一家申请资金的公司进行仔细审查。背景调查揭示，该公司仍在运行、生意兴隆、正在实施业务扩张计划，但公司财产已转让给亲戚朋友，想以申请资金作为欺骗债权人的一种手段。

■ 一家寻求与服装制造商合资的公司要求进行仔细审查。通过对其生产经营场所的秘密检查，发现制造商正在生产的牛仔裤和短衫上使用的是几家知名公司的商标，但他拿不出任何授权使用的许可证、合同、注册条款或类似的文件。进一步调查发现，公司所有者有过商标侵权的犯罪记录。

■ 根据公开的书面资料和法律文件，公司打算为其货物的生产签订许可协议。它首先要求以秘密访谈的方式对工厂邻居及内部员工进行仔细审查。访问调查发现，工厂设备是临时租用的，可进行转移，工厂没有生产任何产品。另外，无论何时，只要所有者意识到潜在合作伙伴或购买者可能会去视察，他就在空厂房中简单地安装上设备并雇用几个员工，让工厂看上去正在运营。

■汽车修理店用的液压升降机制造商允许一个公司进行独家销售。第一年会获得巨额的利润，但第二年和第三年的销售量大量减少，直至收入甚微。调查显示，这个分销商已经和另一家对手公司签约。制造商并没有意识到当地分销商已能制造出合格的设备。直到他发觉时，大量的市场份额已经流失到当地的企业中。

□ 如何进行仔细审查?

总体来说，仔细审查要分几个阶段进行，在此期间应该聘请专业团队来协助你评估风险和交易实现的可能性。你必须首先做出的决定是，确定仔细审查的范围及深度以说明交易处境。你需要考虑下列因素，比如你是在经营一种长期合作关系还是在进行一次性的短期交易，业务伙伴所在国是否有稳定的政府机构及可信赖的法律体系以及产品或服务是否具有易引起不良影响的特点。

总之，建议以下方法：

■应该坚持让另一方遵循合同要求的日程进行信息披露，提供详细的业务数据和审计决算，并允许你会见高层管理人员。

■应该聘请自己的法律和财务顾问，以便对收集到的业务运行信息进行审核。

■应该要求法律和财务顾问提供业务所在国当地法律、习俗以及经商惯例的建议，这样既是为了进行彻底的仔细审查需要，也是为了评估获得的在他国文化和环境中（异于你所在的国家）进行特定商业活动的信息。

■应该聘用调查员、会计师及律师事务所，提供公共数据库文件及备案注册处中有关公司、公司所有者和关键人员的所有信息和文件，包括必须提交给官方机构的企业结构、财务注册、企业名称注册及品牌或商标注册的相关信息。

■应该要求调查者就以下几点进行调查：

◇公司所有者及关键员工的政治和社会地位、权利范围及其影响力。

◇公司所有者和关键员工的信誉度。

◇在履行义务、满足生产要求及维持财务稳定性方面，公司的历史情况记录。

◇在产品质量、公平竞争及商业伦理方面，公司在当地产业和行业中的名声。

◇所提供产品或服务的质量。

◇员工的工作环境及待遇。

◇管理的方式和效率。

◇利益冲突，比如附属于另一家直接与你们公司竞争的公司。

◇ 有关公司、所有者及关键人员所涉及的法律诉讼、犯罪证明及破产情况。

◇ 贪污、伪造、不公平竞争或其他非法行为的证明。

◇ 该公司所有者想与你进行交易的动机。

□ 仔细审查有效吗?

你不可能绝对确定仔细审查有效。即使是重大相关事件或有组织的犯罪都能隐藏得很好,以至于彻底调查也不会将其揭露。然而,为了尽全力做好合法预算,应该采取一些预防措施:

■ 要聘用这样的律师和会计师,有正直的名声并对这个国家、惯例及国内政治关系知识渊博。

■ 为获得内部消息,要利用具有诚实信誉并与当地法律执行机构有恰当联系的调查服务机构。机构调查员一定要知道什么信息可获取、如何获取、该去调查谁以及在特定国家和产业的文化及企业传统中如何开展工作。

■ 坚决要求调查员进行深度调查,他会与关键人员进行个人会谈。在对公司的经营场所和常规工作做出个人评价时,他对于需要搜集什么很熟悉。

■ 取得联系,谨慎行事。这种联系初始受到限制,但随着时间流逝及商业扩张的刺激变得稳定。

警惕侵权

为确保知识财产的价值得到维护,公司必须采取积极举措对知识产权进行监督。以下方案可作为知识财产战略的一部分实施:

◇ 定期安排教育培训,更新公司员工对商业机密中保密性的认识。

◇ 制定一项制度,审查可能发生侵权的产业、行业、公司、大众期刊或其他媒介。

◇ 利用商标权和专利权监督服务,定期检查政府公开出版物,以便在世界范围内寻找对你自身知识产权的侵权。

◇ 雇用私人调查公司,定期调查最可能发生侵权的市场。

◇ 与独立的代理机构签订合同,定期审计授权生产中的总产量。

◇ 创建激励机制,鼓励与你的知识财产有关的消费者、被许可人、特许经营人、销售代表、零售商及其他人报告可能的侵权行为。你对这些报告要快速、明智地做出反应。

◇ 关注竞争对手及处在上升期的公司。

阻止对知识财产的侵害

虽然许多问题（特别是次要问题）可以通过与侵权者当面交涉得到解决，但在大多数情况下，很可能需要召集法律专业人员对侵权行为进行彻底制止。阻止侵权是一项复杂的工作，因为在每一种情况下涉及的事实、利益各方、处理程序及相关法律都不相同。不存在解决侵权问题的国际机制，因此必须在国家层面制止侵权行为。

在法律顾问的协助和参与下，只要发现了侵权就应立刻制定出打击侵权的计划方案。你应该让律师解释清楚，针对当地的侵权行为可以要求什么样的赔偿方案。这些方案可能包括：①司法救济，如临时禁令，永久禁令，基于仿冒、侵权、不公平竞争、违反合同、反垄断造成的损失而提起的诉讼；②行政救济，如对于非法注册的取消及驳回；③刑事诉讼，比如针对生产和销售侵权产品、不公平商业操作及反垄断行为提起的诉讼。

律师也会让你了解针对侵权索赔的可能预防措施。例如，另一方可以声称通过平行研究独立想出了这个创意，或者声称这种使用属于法律允许的"正当使用"特例，或者声称知识财产所有者没有在规定期限内使用知识产权，或者声称因为没有在法令限定时间内提交申请而禁止诉讼。任何需要预防性措施存在的迹象都应立刻引起律师的注意，这样就可以提前制定策略对抗侵权，因此也就避免了随之而来的毁灭性打击。

执行知识产权也许看上去费用昂贵，但对侵权者采取强硬的姿态最终会获得回报。在一些国家，可对侵权者的背信行为要求三倍损害赔偿。调解时，坚持要求对方支付你的诉讼费用也是可能的，特别是当你受到恶意侵权的时候。最重要的是，如果公司在业内获得严格、快速实施知识产权的好评，这个名誉将有助于阻止侵权者，因为他们很可能选择较容易的进攻目标。

与专业的知识财产开发或管理公司签约

监督、维护及执行公司的知识产权一样很重要，但有效实施这些工作几乎不可能，实际理由是：这些工作不是你公司的主营业务并且世界太大。在当今世界，存在专门从事开发和管理知识产权的公司，假如你能谨慎地进行指导和监督，通常把这些工作留给它们是合理的。

- 发明开发公司。存在大量公司可以提供专利权申请、开发及销售方面的服务。这些公司专门协助发明者对一项发明进行估计、完善，充当经纪人并推广一项发明。它们会准备并提交专利权申请书，而且会对其他许可或者在生产或销售之前必须满足的要求提出建议。在选择这种公司时，一定要格外小心并对其进行仔细审查，包括到公司注册处和消费者协会对其进行核查。一定要警惕同意为你起草并提交专利申请但又不告诉你是否由律师提供服务的公司。

　　■ 集体管理组织（CMO）。对于受著作权保护的作品，存在多种特定的行业组织，通过它们的系统，著作权所有者可以收到使用其作品的款项。这些组织对版权所有者尤为有用，否则他们就必须在世界范围内对成千上万的使用者进行监督和协商。这些组织对使用者也很有用，否则他们每次使用作品时都要从成千上万的所有者那里寻求许可和批准。集体管理组织通常可对公开演出权、广播权、机械复制权、照片复制权进行管理，也可洽谈许可证并对版税进行收集和分发。可以通过与其他国家的集体管理组织之间的相互代表协议，对国外的知识财产进行管理，那些组织包括国际作者、作曲者协会联合会（CISAC），国际复制权组织联合会（IFRRO），欧洲表演者组织协会（AEPO），国际演员联合会（FIA），国际音乐家联合会（FIM），国际唱片业协会（IFPI）和软件出版商协会（SPA）。

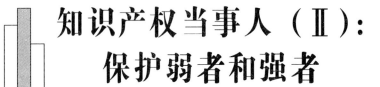

第 7 章

知识产权当事人（Ⅱ）：
保护弱者和强者

随着附有知识产权的产品、服务、创作和加工工艺从所有者转移到使用者再到消费者，所涉及的知识产权各方的议价能力可能因此改变，从强势到弱势，再到强势，然后再到弱势。知识产权的所有权很复杂，事实上，尽管有形资产可以从一人之手传递到另一人之手，但无形的知识产权仍可为所有者保留。由于对抗公然侵权的成本巨大，所以在很大程度上，所有者必须依靠消费者尊重知识产权的正直之心来维护知识产权。

创作者

☐ 搞清谁拥有知识财产

公司的员工创造了知识财产——也许是衣服的款式、商标、标语，或者是可以转化到织物设计上的创新。你决定授权一家公司制作服装。许可协议规定，被许可人必须代表商标所有人在商标所属国保护商标；基于这种授权，被许可人可以以自己的名义为商标所有人的商标提交十二份商标申请表，以确保覆盖黏着剂、纸张、珠宝、皮箱和其他服装配饰。如果允许被许可人保留商标权，那么他也有权在自己的产品上使用这些商标，而你的商标就很容易出现价值耗减，此时你必须就商标所有权问题与被许可人进行谈判，如果可能的话，只支付申请费用。

与此同时，你的雇员，也就是那个创造了外观设计转换过程的人，可能会把此创造授权给想生产帆布包的朋友。对于你的员工，如果你并无明确的协议将其权利转让给公司，那么你就要与他及其被许可人进行艰难的谈判，这是因为在权利转让给雇主的合约缺失时，专利属于创作者。

教训 ☞

在协议中要明确阐明你对知识产权的所有权并得到各方的理解，并且你应该是那个唯一有权主张此知识产权的人。

□ 公示前要确保知识财产所有权

在开发公司的数据库程序时，消耗了大量的时间和劳动。既然数据库程序得到了完善，公司的管理层正在考虑是把程序授权许可给软件发行者，还是把使用权出售给业内的其他公司。在把辅助文档标为机密文件并把此软件界定为公司商业机密之前，其中一个程序员和软件发行者讨论了这个程序，该软件发行者意识到其中的潜力并开始开发类似系统。最后，当你决定提交著作权申请时，却发现那位软件发行者已开始分销非常类似的程序。因为你不能及时地保护商业机密，同时该商业机密已经进入到公众领域，所以你无法重新得到著作权。

教训 ☞

对知识产权战略的疏忽会导致你失去有价值的权利。对员工进行培训、确保知识产权得到注册并且发出知识财产所有权公告，这些都很重要。

□ 考核另一方

在贸易展览会上，一个制造商走向你公司的代表并建议和 X 国签订授权许可协议，于是你方代表向制造商提供了一些资料和产品样本，并且向许可证发放部门汇报了制造商的名字和地址。这个提议从一个办公室传到另一个办公室，过了一段时间，最后终于有人想要和那个制造商签订合同了，但没有得到任何回应。两年后，公司决定在 X 国申请商标权并将销售范围扩大到

X国，但此时你发现，那个制造商已在当地注册了相同的商标，而且已生产和出售类似产品好几年了，并且开始向两个邻国出口产品。现在，你在不止一个司法管辖区受到代价昂贵的侵权。然而，如果你一开始就达成了那个授权协议，本应从被许可人那里获得授权费。当地媒体还很可能以排挤当地企业为由对你进行负面报道。此外，如果提前对那个制造商做了仔细审查，你在交出产品之前就会发现其有侵权倾向，那样的话，就可以对那个市场进行更密切的关注，以免遭到侵权。

教训 ☞

如果注意仔细审查，你可能找到合适的合作者并从知识产权中获益，而且减少了必须对抗侵权的可能性。

☐ 限制无法控制的风险

你的公司为青少年设计、生产、销售高质量的服装，并且你的商标也被认为是市场上最具吸引力的一个。你的公司提交了所有的商标、著作权和外观设计权申请，并精心保护商业机密。然而，你的公司为了保护商标和产品必须对抗越来越多的侵权行为，也许你偶然发现这种货物未经授权就被出口到某个国家，正在削减你的专有分销范围。假设该商标的吸引力日益增加，那么你需要调整知识产权战略，以确保能够跟踪调查产品去向、对授权的制造商和分销商进行审计并且通过新颖的保护措施阻止侵权。

教训 ☞

通过你控制下的管理因素，你就能预测到侵权行为并对其进行反击。

☐ 重视知识产权

基于企业规划，你创立公司，随后市场销售额倍增，利润滚滚而来。你一直密切关注产品质量，很快你的公司誉满全球；但知识产权在你的谋划中并不像快速增长的营业额那么重要。你已经意识到来自各种市场的侵权产品，但由于维权成本，你没有费力去跟踪调查这些产品。随后，你的市场份额下滑，产品滞销。调查显示，其他公司已经在十五个国家注册了你的商标，而那里恰好是你的主要市场；大量公司已经注册了类似你使用的外观设计；当地市场充斥

国际知识产权（第三版）

着相对便宜的侵权复制品，与你的产品不仅外观类似，并且质量也差不多。恢复你的知识产权，将要花费巨资来查明所有这些侵权行为。

教训 👉

如果你把知识财产当做一种财富，那么公司的知识财产就是最有价值的资产之一。但是，如果你不能对其进行增值、完善和保护，它就会被玷污并且成为一种负担。

被许可人、受让人或特许经营人

☐ 核实创作者的所有权

你已得到使用或拥有他人知识财产的权利。你完成了所有的文书工作，接受了转让的权利，并且开始在协议条款允许范围内生产和销售产品。几个月后，你接到通知，要求你停止对第三方知识产权的侵犯，你由此卷入到侵权纷争中。向你提供权利的那一方突然消失。那些让你相信是你拥有权利的证明会使你免于恶意使用知识财产的惩罚，但你会因为没有成功地进行仔细审查而失去此前为购买这些权利而支付的款项、为新业务及营造良好商誉进行的投资以及违法使用知识财产所获得的收益。在一些国家，你甚至会被认为负有刑事责任，即使并未因故意侵权而撤销对你的起诉也会毁了你的名誉。你也许能够达成一项授权许可或特许经营许可，这样可挽回部分投资。但是，其中的条款至少在一段时间内对你会很苛刻，直到证明你是值得产权所有者信赖的支持者。

教训 👉

仔细审查对于被许可人和受让人同样重要。如果依据表面价值判断另一方，你可能会发现刚刚购买的产权分文不值。

☐ 了解即将得到的东西

要认识到你获得的许可合同、特许经营合同或转让合同在市场中具有巨大的价值。有良好声誉和宝贵商誉的知识产权就是高额利润的保证和承诺。如果你签署了合同也进行了投资，却发现那种知识财产在市场中几乎没有或根本没有价值，并且产权所有者不允许做出任何更改，那么在限制使用权或所有权的情况下，你不可能获得成功；与此同时，如果你不履行协议，就要支付提前终止合同的罚金，或者要为违反合同做出赔偿。

教训 ☞

在签订合同之前，一定要确保理解合同的全部条款，并对即将接受的知识产权的市场性和声誉进行了仔细审查。

☐ 尊重创作者的所有权

专有权许可或特许经营协议已经公布，赋予你在自己国家保护创作者知识财产所有权的权利。这也要求你在本国构建体系，对知识财产的使用进行监督，并向产权所有者汇报侵权行为。这个体系完全由你决定。签订协议后，你对国内知识财产的注册情况进行审查时发现：产权所有者并没有为货物注册商标，与目前授权产品相关的商标很容易被出售。同时，你发现产权所有者本可以注册专利权或外观设计权，但他们并没有这么做。因此，你在没有通知所有者的情况下提交了注册申请。最终，你觉得监督并揭露侵权成本相当高昂，因而为避免违反合同，你只采取最少的措施来防范。未授权低价产品开始出现，并开始瓜分市场份额。与此同时，知识财产所有者通过例行检查发现了你的额外注册。尽管你对未授权产品进行抱怨，但如果没有条款限制，知识财产所有者并不想帮助你，因为你已违背了协议的精神，没有尊重知识产权所有者的权利。

教训 ☞

不要得寸进尺。保护知识产权关系到每个人的最大利益，任何损害这些权利的行为都会削弱其影响力，减少其价值，并最终影响到每个人的收益。

☐ 为创作者服务的律师

知识产权谈判以及许可证、转让协议或特许经营协议拟定的复杂性，意味着你很可能要寻求法律救助。律师能为下列相关问题提供咨询服务。

■ 对另一方进行调查

律师可以帮助你：

◇ 审查另一方的商业信用情况和商业资格。

◇ 进行公司财务及运行情况的背景调查。

◇ 协助你分析报告中不寻常或矛盾的信息。

■ 调查一国的政治及司法状况

律师可以帮助你：

◇ 在你与他国国民处理合同时提供有关国家的法律体系、司法制度的发展和政府政策的建议。

◇ 提醒你本国的抵制和禁运政策、旅行警告及针对其他国家的贸易限制。

◇ 告知你其他国家对商务活动的贸易和法律激励措施。

■ 评论陌生国家的要求

律师可以帮助你：

◇ 能够解释进口、出口、移民、劳动、环境、消费者和其他有可能影响交易的管制法律的效应。

◇ 审视你的知识财产组合，以确定在本国和另一方所在国的法律下，该知识财产能否得到充分保护。

◇ 为确保交易在本国或在对方所在国的有效性，要确定交易是否必须备案。

◇ 核实所有可用于交易的记录、印花税票或其他纳税记录。

■ 谈判并准备协议

律师可以帮助你：

◇ 审查典型协议中的条款，并协助你针对特定交易定制协议。

◇ 告诉你为了遵守国家法律体系中的特定内容或处理那些法律不涉及的其他事务，你所需要的合同条款。

■ 审查其中的风险

律师可以帮助你：

◇ 针对在对方所在国反对侵权，就知识产权监督、保护提出建议，无论是对方侵权还是第三方侵权。

被许可人、受让人、特许经营人的律师

没有律师的建议而去签订使用或拥有知识产权的合同是最不明智的举动，特别是那份合同很可能是由知识产权所有者的律师设计。你应该牢记，当考虑是否接受由知识产权所有者制定的合同时，律师能就下述关键问题予以协助。

■ 检查知识产权所有者

律师可以帮助你：

◇ 审查产权所有者的商业信用情况、商业资格、所有权的注册及其他证明。

◇ 获得公司财务及运行情况的背景调查。

◇ 协助你分析报告中不寻常和矛盾的信息。

■ 检查陌生国家的要求

律师可以帮助你：

◇ 如果你同意进行交易，解释进口、出口、移民、劳动、环境、消费者及其他有可能影响交易的管制法律的效应。

◇ 审视知识产权所有者提交的知识财产组合，以查明在本国法律下保护是否充分以及是否推荐你从知识产权所有者那里寻求额外的保护。

◇ 为确保交易在本国的有效性，确定交易是否必须备案。

◇ 核实所有可用于交易的记录、印花税票或其他纳税记录。

■ 确保理解协议

律师可以帮助你：

◇ 解释协议中的条款，从你的利益出发指出谈判关键。

◇ 阐明你购买知识财产的利益及万一违约所承担的责任。

■ 审查其中的风险

律师可以帮助你：

◇ 告知你第三方侵权产生的潜在影响以及协助监控别人侵权最省时省钱的有效方法。

◇ 推荐一些方法，让你在投资他人知识财产时减少风险。因为他人知识财产的价值依赖于你控制范围之外的因素，比如知识产权所有者的名誉、商誉以及强制执行政策。

第 8 章　确保对知识产权进行严格的合同保护

可能的话，应通过清晰、准确的合同条款来保护知识产权。不论你是知识财产所有者还是使用者（消费者、被许可人、受让人、特许授权经营人或其他），确保你的意图得到贯彻的最佳途径是在协议中陈述它。因为法定含义及司法解释并不是必然反映出你的想法，所以不要依赖这些来表达自己的意愿。

任意一份协议都不可能覆盖所有可能出现的意外情况。然而，你应该努力起草既清晰又能预先考虑到尽可能多情况的合同条款。条款越具体，未来的争议就越少，解决冲突的花费就越少。只要有可能，使用精确的语言并且避免使用法律术语，特别是当有些合约方不能流利地说你的语言时。

下面的合同条款来自软件授权许可协议。这些条款并不是要适应你特定的知识财产情况，而是让你练习找出模棱两可之处并整理措辞。其中提到的有关软件发行者（许可人）和消费者（被许可人）的许多概念均可用于更一般的情境。要针对自己知识财产的情况准备合同，并且不能依赖标准形式或标准条款，这是至关重要的。下述条款应能为你阐明律师标出的要点，并解释律师为什么要把一些标准条款包括在协议中。

授权许可协议条款（计算机软件）

□ 合同的形式

■ 不理想的条款

［公司名称］授权（而非出售）你使用［软件名称］（"软件"）的权利。

分析：通过相互理解的条款，当每一方都明确地表达欲受条款约束的意愿时，合同就形成了。这种意愿的典型表现是双方签署合同。然而，消费产品（例如软件）的授权许可协议因为交易的性质不太可能由双方共同签订，取而代之的是，当一方（公司）向另一方（消费者）提供产品且另一方通过单方行动（打开软件包装）予以接受时，就认为合同形成。

这个条款对公司提供产品的情况进行了说明，但把消费者的接受情况看成是默认的。只是购买软件就默认接受授权许可协议上的条款吗？即使消费者没有读过条款也会接受合同吗？如果出现争端，法院会仅仅因为消费者使用过产品就默认消费者接受合同条款吗？为保证双方理解各自行为的重要性，也就是一个提供许可，另一个打开包装，下列条款清楚地阐明了他们的行为所产生的后果。

■ 较好的条款

只有在你完全接受授权许可合同全部条款的情况下，［公司名称］才授权你使用这个软件［软件名称］（"软件"）的权利。在打开软件包装之前，请仔细阅读此许可协议的所有条款。一旦打开包装，就等于接受了许可证上的条款和条件。

如果你不同意这些条款和条件，［公司名称］不会把软件授权给你使用；你必须把未拆封的软件归还到购买处，这种情况下你将得到退款。

□ 彼此交换对偿物

■ 不理想的条款

［公司名称］授予你使用这个软件副本的非专有权利。

分析：合同应通过双方对偿物（即某种有价值东西）的交换来获得支持。这个条款认为，公司的对偿物以授予其财产（软件）使用权的形式出现。为了进行法律解释，由消费者给出的对偿物没有必要进行表达，即认为消费者已经支付了软件价格。然而，出于实用目的，提醒消费者许可费已包括在软件的价格里，这一点很有用。应该向消费者强调一个事实，就是软件的价格由两部分构成：一是为软件录制及书面材料印刷用的硬媒介付费，这部分钱最少；二是为使用软件和书面材料本身支付许可费。

■ 较好的条款

当你获得软件副本的时候，记住你在支付销售价格的同时也支付了许可费。在此许可协议的条约和条件范围内，［公司名称］授予你非专有使用或展示此软件副本的权利。

□ 各方的所有权

■ 不理想的条款

除文件中特别标出的一些成分是其他所有者受保护的财产外，软件本身连同全部包装以及随软件提供的书面材料都作为［公司名称］的知识财产得到保护。

分析：明确表达所有权极其重要，但由于空间所限，这个条款经常被压缩。上述条款只阐明了公司的所有权，并没有说明消费者购买了什么。为准确地强调消费者拥有什么，在此给出明确的解释可能是很明智的做法。这个条款的目的是阻止侵权，它应该被强调而不是被删减。

■ 较好的条款

你为此软件套装支付的总价中包含销售价格和许可费。当你支付销售价格时，你成为刻有软件或固着了其他东西的磁性物质或物理媒介（例如磁盘）的所有者；当你支付许可费时，你获得授权使用软件，但你并没有获得软件所有权。这种软件的许可并不是对［公司名称］开发的所有其他软件的许可，这项许可也未授权你使用［公司名称］所拥有的其他软件。除了本段提到的例外情况，不管是原始软件还是其他副本，不管其形式或附着媒介如何，对软件提供的所有软件副本、所有的衍生作品及所有手稿和书面材料，［公司名称］对其中的著作权、外观设计专利权、商标权和其他知识产权都保有冠名权和所有权。这个产品中包含的其他财产由第三方拥有。使用第三方财产要受到包含这些产品的附加许可协议中的条款和条件的约束。

［商标名称］是［另一个公司名称］的商标，［商标名称］是［另一个公司名称］的商标，［商标名称］是［另一个公司名称］的商标。

□ 准许使用

■ 不理想的条款

你可在一个小地方用一台小电脑运行或展示这款软件，供你自己、员工或顾客制作文件。

分析：如果准许使用的范围太窄，那么消费者就不会尽力使用这个软件；但是，如果准许使用的范围过宽，许可价值就会流失。上述条款看上去限制了软件的使用，但考虑到过去十年的技术实践和进步，它规定的内容太模糊了。因为没有提及单个使用者使用多台电脑（例如同时在家里和公司中办公的人）、多个使用者使用一台电脑以及通过网络使用这款软件的情况，该条款的内容不

确保对知识产权进行严格的合同保护

够清晰。虽然不可能预料软件使用的每种情况，但应该给予消费者更好的参照，以便消费者根据被授予的使用权对软件使用情况进行判断。

■ 较好的条款

本协议授予的许可用于单一地点、有单一处理器（CPU）的单一计算机使用和展示本软件。如果你使用上述计算机的时间占其被使用时间的比例超过80％（意味着你是这台计算机的主要使用者），那么你也可以在笔记本电脑或其他便携式电脑或不同地点（比如家里或办公室里）的其他计算机上使用这款软件。你可用这软件为你自己、为员工或每次为一个客户制作文件、出版物或演示材料。只要遵守许可协议，你可以通过硬盘、网络或其他方式获得此软件。如果单台计算机是多用户系统的一部分，那么许可范围覆盖这个系统上从事同一个项目的所有使用者。

□ 禁止使用

■ 不理想的条款

本许可协议中，［公司名称］保留没有明确授予你的全部权利。你无权复制、修改、合并或以其他方式改变软件。你也不能反编译或逆向还原软件程序。不遵守协议将造成所有特约条款无效以及许可协议终止，违反者将被起诉。

分析：为保证消费者完全理解不遵守许可条款的后果，这项条款可用更多细节进行强化和巩固。这项条款还应该确认"合理使用"的法律含义，合理使用允许消费者为了备份或存档的目的制作副本，除非许可协议明确禁止。对于在公开场合使用此软件，例如在讨论会上作为可视支持软件并未明确禁止。对于已授权个人家庭使用或公司使用的软件，考虑其潜在的公共使用是很重要的。如果软件被传播出去或在公开展示中使用，那么就发生了复制，而复制是知识财产所有者的独立权利，并且只有经所有者同意方可进行。

■ 较好的条款

本许可协议中，［公司名称］保留所有没有明确授予你的权利。由于你未能遵守许可协议而造成或鼓励著作权侵犯，你将负法律责任。尽管下述权利不是专有的，你仍被严格禁止实施以下列表中包含的所有权利。

1. 软件拷贝，包括对任何已经被修改、被合并或被包含在其他软件中的软件进行拷贝，都是被禁止的。唯一的例外情况是，如果给拷贝标上与原件所有人和著作权一样的标识，那么你可以备份或存档为由，利用"合理利用"规则制作一个单独的拷贝。

2. 拷贝为软件提供的手册和书面材料。

3. 销售或分销软件原版或任意副本、随带的手册和其他印刷材料。

4. 除了有［公司名称］明确的书面准许，才可使用软件或其全部内容中的任意部分，或者用于该产品的任何形式的文件、出版物或演示材料，用于提供、展示、向不止一个顾客发行或为了转让、出售或者向公众派发。

□ 转让约束

■ 不理想的条款：

你不能将此软件转让、出租或处置给其他任何人。

分析：上述条款很简洁，但未就软件转让后果或其他交易的影响给消费者留下印象。为弥补空白，确保充分的理解，下面一段明确强调了许可证的使用是购买了许可证的消费者的个人使用。

■ 较好的条款

本软件只授权给你使用。如果更换了电脑，并且你一次只在一台计算机上使用，可将软件从初始电脑转移到新电脑上。未事先得到［公司名称］的书面同意，禁止向他人转让或分发软件副本、附带的手册或其他书面材料。任何此类未经授权的转让都将终止这份许可协议。除本段规定以外，禁止向其他任何个人或单位临时性或永久性转移、转让、出租、租借、出售或用其他方式处置软件。

□ 许可终止

■ 不理想的条款

如果未能履行条款或把软件转让他人，本许可协议自动终止。

分析：合同中的惯例是根据一方给另一方的书面通知终止协议。许可终止可自动发生，但应特别注明，许可终止生效不需要任何通知，这是比较好的做法。

■ 较好的条款

如果未能履行合同的任何条款，许可协议可在不通知你的情况下自动终止。许可协议终止后要求你销毁所有的书面材料、所有的软件副本，包括所有修改副本。

第9章　知识产权当事人（Ⅲ）：
完成所有权和使用权

发明要为公开披露做好准备。你已经得到全部有关市场调查、文化、生产制造、合法运输和海关管制以及知识产权保护的关键点，专营店的销售员焦急地等待你的产品或者销售代表们已准备好学习你的服务方法。你的知识产权被不披露协议、转让协议、注册申请、告诫通知、拆封许可和其他授权许可协议保护得严严实实，同时还有你在当地的执行战略。

现在是最后审视知识财产战略的时候了。你是否已对知识财产进行了充分的保护，即使公开披露也不会失去？仔细审查足够吗？员工和销售代表忠诚的内在激励是什么？你的计划包括对公众、员工及销售代表进行的教育吗？你应当思考一下是否已将下列几点考虑在内。

创作者

你处于链条的起始端：你的作品将经过各种渠道从你传递到最终消费者手中。为了得到已创造知识财产的价值，你必须确保积极维护你的权利。在法律顾问的帮助下进行规划十分明智。在规划或实施知识财产战略时，一定要牢记以下几点：

□ 评估知识财产需求

■ 你有什么样的知识产权？你需要保护它们吗？

对知识产权的认可是一个不间断的过程，并且对知识财产的重新估价应该成为定期规划和预算会议中的重要部分，这些活动在最成功的企业中至少每年举办一次。公司的知识财产战略应该反映公司知识产权的价值，随着公司名誉和商誉的传播，用公司的知识财产战略追踪那些权利的价值变得很重要。如果那些权利的价值很高，那么公司应采取主动而非被动的措施保护它们，你应该依照下列事由审视知识财产战略：

◇ 在产业或行业内，你的想法或作品是不是真正独特或新颖？

◇ 所处产业或行业有竞争吗？你的知识财产没有可能成为被侵权对象吗？

◇ 你想在知识财产保护上花费多少？想保持知识财产的最少预算是多少？

◇ 是否已经把知识财产的价值加入到公司的资产负债表中？

□ 明智选择知识财产

■ 你是否已经选择了容易注册、方便保护且不容易被侵权的知识财产？

倘若明智地选择知识财产，具有前瞻性的、严密的知识财产战略并非一定要花费巨资。慎重选择知识财产可从一开始就阻止侵权，并且在对抗侵权时也能使所有权证明不是那么困难。作为选择过程的一部分，对先有知识产权的核查至关重要，如果你在面对侵权索赔时被迫从市场中收回知识财产，就会失去投入在产品研发、外包装设计和宣传资料上的大量时间、精力和金钱。记住，一定要考虑以下因素：

◇ 你是否已对知识财产的吸引力和跨文化接受度进行了初步调查？

◇ 你是如何获得灵感并进行作品表达的？这些来源足够创新、不同寻常且有足够创造力吗？

◇ 你确信自己的知识产权不会对其他知识产权所有者的现有权利造成侵犯吗？

◇ 你保留了创作和使用知识财产的证明吗？

□ 保护知识产权

■ 在公布知识产权之前，你针对侵权对其进行保护了吗？

对知识产权的成本—效益分析应该是"保护为主、执行为辅"。相对于通过法律程序对抗侵权，有许多方式可以较低成本保护知识产权。为了不延误销售和生产，一定要考虑保护知识产权的途径并尽快实施。应该考虑以下途径能否降低成本：

◇ 知识产权能否根据双边、区域或国际条约，通过认可或在中央登记处获得注册？

◇ 你是否已通过在主要市场和次级市场的注册获得了知识产权？

◇ 对于已公布的知识产权，有什么创新方法可用于阻止不费力的复制？

◇ 在公布知识产权之前，通过法律公告对其明确认定了吗？

◇ 就知识财产的价值和保护程度，你有可靠的员工培训计划吗？是否有内部安全计划？

◇ 有什么具有成本—效益的方法可用来追踪产品从生产到销售的过程，使你轻松调查未授权销售？

□ 使用权和所有权的授予

■ 为保证能从使用或销售知识产权中获得收益，你采取了何种预防性措施？

除非被用，否则知识产权毫无价值，而且价值随使用增加，这就是为什么许多公司通过授权许可、买卖或特许经营知识产权获得迅猛增长。甚至，直接销售知识财产所有权也有利可图。然而，如果没有采取恰当的防护性措施，授予他人知识财产的使用权和所有权也可能成为投资失败的噩梦。由于这一点，因此在处理这些关系时寻求法律顾问的帮助就显得至关重要。此外，你也应该考虑以下几点：

◇ 你是否已对另一方进行了仔细审查，以确保对方有主管当局、经济能力、组织能力及良好的历史记录？

◇ 你是否提供了有吸引力的激励和包括有关知识产权、价值和价值耗减方面的培训教育计划？

◇ 你是否对合同终止、违反合同及侵权的行为考虑了可选择的、有成本—效益的补救方案？

◇ 你在当地有独立的监督和审计体系吗？

□ 执行知识产权

■ 你的知识产权执行策略是主动的还是被动的？

知识产权的严格快速执行是确保知识财产价值的最好方法。让公众和教育出版社公布你有力的执行策略，对侵权可起到震慑作用。你必须准备好对知识财产的使用进行监督，如果有必要，立刻对侵权行为展开调查并捍卫你的知识产权。否则，知识产权易出现价值耗减，侵权者也可能瞄向你，你可能因知识财产价值变化和为了保护它支付的过多成本而失去竞争优势。在任何的执行计划中，都应该考虑以下几点：

◇ 你是否建立了服务网络并雇用了当地代表，以便用较低的成本锁定侵权行为？

◇ 侵权行为最可能发生在哪儿？你是否已经构建了定期监督那些市场的体系？

◇ 你是否拥有高效率、反应迅速的团队来调查侵权行为并对其进行制止？

◇ 你是否创建了有吸引力的激励机制，使得那些可能成为侵权者的人转而寻求获得授权许可或以其他合法方式使用知识财产？

◇ 为提升消费者对公司的认知度和尊重度，你是否正在使用创新的执行方法，包括外交贸易渠道、媒体宣传、教育及文化项目以及特殊的促销形式等？

被许可人、特许经营人或受让人

作为创作者和消费者之间的重要纽带，你可以通过让两方都高兴而获得最大收益。但是，你必须确保自己的利益得到保护，并且也有责任保护创作者的利益。如果没有做到这些，很可能会对你自己的业务造成破坏。在与创作者的大多数协议中，你将签订由对方律师准备的合同。一定要获得你自己律师的法律建议，并且在签订合同之前要仔细考虑以下问题。

□ 关系承诺

■ 如果合同构建了一种发展的关系，那么什么是其中的激励？

授权许可或特许经营许可很可能会持续较长时间，但只有建立在业务扩大和双方彼此信赖的基础上才行。长期合同应该建立在激励基础上，以此回报各方所付出的努力和忠诚。你应该考虑合同条款是否提供了下列内容：

◇ 合同是否留出足够的时间让你建立并证实市场的特性和潜力？

◇ 获得一定利润率之后允许重新谈判条款吗？或者有没有自动升级的激励来说明增长的原因？

◇ 重新谈判或修改合同的方式是否合理、有效？

◇ 为避免变更手续和费用，合同能否通过附录、计划表或其他附属物进行修改？

□ 委托合同

■ 你是否已经核实了创作者的所有权要求？

没有真正所有权的一方无法向他人转让知识财产使用权或所有权。任何没有真正所有权支撑的授权许可或转让都会被视为无效且遭到第三方攻击。另外，你也不能对自称创作者但实际没有所有权的人执行这样的协议。因此，在签订合同前获得相关所有者经核实的书面证明是明智之举。你应该考虑以下几点：

◇ 创作者是个人还是公司法人？该个人或公司法人是否已证明了此公司声誉良好，并且委托了代理人代为处理此项交易？

◇ 创作者是否已经向你出示了所有权证明，比如以创作者名义注册的证书或其权利的转让协议？

◇ 你是否通过独立渠道核实了创作者的权利声明，比如通过向相关知识财产注册处询问或对公司历史进行了仔细审查？

□ 保证知识产权的价值

■ 如何保证讨论中的知识产权真的具有价值？

如果知识产权没有市场价值，签订授权使用协议或购买权利的合同就是浪费投资，除非你购买的目的是为了消灭与你竞争的公司。在签订任何协议之前，必须先确定你打算用这些知识产权做些什么，以及对你的公司而言，这些权利是否有价值。这项决定必须通过对情况的独立审查来完成，而不能依赖创作者提供的信息。你可以查看以下几点：

◇ 这个知识产权能够轻松加入自己公司的规划中吗？能提升自己公司的规划吗？

◇ 如果你获得这项知识财产的使用权和所有权，同时也能获得竞争优势吗？预期收益能支付收购成本吗？

◇ 知识产权收购将会扩大市场范围、增加生产线或扩展所提供的服务吗？

◇ 在对知识产权市场潜力的前期调查中，你得到满意结果了吗？

◇ 竞争有多激烈？获得比较满意的、有利可图的市场份额有多容易？

□ 终止协议或违约的负责

■ 如果协议在争议中或经由双方同意终止，有何风险？有何补救措施？

对于你的利益，合同执行条款很可能比较苛刻，因为这是由另一方起草的协议。然而，万一你不能达到创作者要求的标准，你可以坚决要求某些保护你、使你豁免沉重责任的程序或补偿方案。应该与律师一起审视这些极其重要的条款，确保你理解自己的责任并尽可能限制风险。你应考虑下列问题：

◇ 协议鼓励对争端进行谈判、调解或仲裁吗？

◇ 如果创作者违约，协议中有授予你补偿的条款吗？这些补偿令人满意吗？

◇ 协议允许任意一方以合理理由取消或终止协议吗？

◇ 在协议被认为终止之前，存在允许一方努力遵守或弥补违约的宽限期吗？

◇ 协议规定了违约赔偿金（合同约定的赔偿金）吗？

◇ 对在任何仲裁或诉讼中的胜诉方所支付的法律费用和成本，有相应条款对其给予补偿吗？

◇ 如果一个法庭被指定来解决争端，对你来说方便吗？

创作者的律师

在最终确定知识财产战略时，尤其是就知识产权的使用或销售签订合同之前，拜访律师极其重要。律师能够指出该战略的优缺点以及在成本—收益分析中需要考虑的因素，并且也会对你提出的合同进行审核。你应该进一步寻求关于在世界范围内保护、监督并执行知识产权的建议，以便从一开始就为保护知识产权做到行动迅速和行为果断，也使潜在侵权者在践踏你的商誉和切分你的市场时再三考虑。一定要向律师咨询以下问题：

□ 知识财产战略的有效性

■ 从法律角度出发，知识财产战略能充分地保护你的权利并维护知识财产的价值吗？有哪些额外因素应同时被考虑进去？

■ 遵照知识财产战略——阶段性实施保护，首先关注主要市场，而后随公司利润和销售增加扩大范围，这其中会有何种风险？

■ 对世界范围内的知识财产进行保护和管理会花掉多少钱？有什么优势和劣势？

■ 为保护知识产权，公司内部的安全机制是否进行了仔细审查？

□ 达成使用或销售协议

■ 协议同时符合本国和对方所在国的国家法律要求吗？

■ 在签订合同并把知识产权的有关信息传递给对方之前，做哪种额外的仔细审查是比较明智的？

■ 应该掌握什么样的证明来显示对方有权制定合同？

■ 在法律允许的范围内，你如何才能监督并独立审核对方的产量及提供的服务？

■ 在实践中，你能够做到在短时间内得到补偿，以避免或最小化负面公共影响或延期吗？

■ 就程序、成本和时间而言，每个补偿方案所涉及的内容是什么？

■ 能得到可以更好地保护你利益的补偿方案吗？

□ 执行知识产权

■ 通过民事、刑事及行政法庭来执行知识产权有何种优点？又有哪些不足？

■ 各国针对侵权、仿冒及不公平竞争，一般有哪些补偿方案？这些方案又是如何起作用的？

■ 总体说来，就程序、成本和时间而言，每个补偿方案所涉及的内容是什么？

■ 是否存在可以执行知识产权的国际或区域法庭？就成本、时间和结果而言，这些法庭的效率如何？

被许可人、特许经营人或受让人的律师

在你为使用或购买知识产权签订任何协议之前，确定合同已由精通本国法律和创作者所在国法律的律师审核过。律师可就合同的优劣提出建议，能够帮你谈判并达成更好保护你权利的条款。不要依赖对方的顾问，因为对方的利益和你的利益冲突。为确保你了解自己在协议中的权利和义务，一定要就以下问题咨询律师。

□ 取消或可以取消的规定

■ 在解释协议时，有国家对选择法庭或选择适用法律的禁止条款吗？

■ 仲裁在各方居住的国家是否得到认可和支持并且是可以选择的吗？

■ 违约赔偿金条款是可以强制执行的吗？

■ 基于什么理由可以认为合同可撤销或无效？

□ 合同手续

■ 应该掌握什么样的证明来显示对方有权制定合同？

■ 要求什么样的知识财产所有权证明？如何对其进行核实？

□ 担保和补偿

■ 就知识产权的价值、所有权和使用，对方能为你提供何种担保？

■ 能够依赖这些担保吗？依赖将产生什么样的法律后果？

■ 在实践中，你能够得到所提供的补偿吗？

■ 就程序、成本和时间而言，每个补偿方案所涉及的内容是什么？

■ 能获得可以更好保护你利益的补偿方案吗？

第 10 章 知识产权的关键国际问题

知识产权的社会认可

造成国家间知识产权法差异的主要原因是，在世界范围内的社会对财产的概念已经发展为两个不同的方面：对无形财产权的认可和对个人财产权的认可。

最初，对无形财产权的认可主要发生在欧洲、美洲及受其影响的国家和地区。但是，直到目前，一些国家的法律才对知识产权予以保护。甚至今天，许多国家在扩展知识产权法范围以覆盖新型作品方面表现得比其他国家更积极。

实行社会主义或共产主义法律的国家，其政治哲学不赞成个人财产权而赞同共有产权。虽然这些国家拥有或正在构建现代的知识产权法，但知识产权的执行经常困难重重，因为大众已经被教育得认为"财产权应全民共享"。

因此，与上述国家相比，国际贸易者将在世界其他国家和地区内找到对知识产权的更多保护和更多的实施情况。如果贸易者在对知识财产实行最少保护的国家经商，那么他需要为保护知识财产免于侵犯而尽可能多地采取自己的措施。

□ 知识财产开发中的文化因素

文化差异会影响知识财产在国外市场中的价值、内涵和接受度。只有考虑到文化差异，你选择销售或使用的与商品或服务相关联的知识财产才会成功地占据足够大的市场份额。在开发和使用知识财产的过程中，你必须足够灵活，确保消费者的文化受到尊重。公司的成功维系于此。

在商业领域，文化是一套指示相关市场社会偏好的习俗。这些习俗决定了一群人的礼节、传统、价值观及生活方式。在进行国际贸易时，必须了解并对其他文化反应敏锐，并使你的知识财产迎合国外市场的偏好。

文化适用于人民而非国家。尽管针对特定国家有可能确定出一种总的文化，但许多亚文化仍可能存在。一旦确定将在哪些国家销售你的知识财产并且学习你认为可能用到的文化规则，你应该避免固守以往的教条。灵活性和适应性及其重要，尤其是在快速发展的当今世界，人口在流动，文化在交融，文化规则也在不断演变。

在研究和测试知识财产市场时，你需要遵照一些初始的文化方针，以确保知识财产被顺利接受。确定是否在全国范围内使用一个总协议以及是否展现一些亚文化是极为重要的。你需要根据这些亚文化考虑市场的大小以及调整知识财产获取跨文化吸引力的途径。

如果遇见了对你的知识财产感兴趣的外国商人，你也需要了解初次接触时可能出现的文化协议。文化因素包括问候语、礼仪、商业伦理、决策制定、性别、会议手续及工作服。确定自己以恰当态度处理了这些文化因素。文化失误不可避免，而且双方都有可能发生。幽默能缓解紧张氛围，而尊重和认同则可能赢得他人对你的接受。

全球化和一体化趋势

知识产权处理长期被认为是间接贸易壁垒。在 19 世纪初期，涉及知识产权的多边贸易协定开始采用，其中最著名的两个是《伯尔尼公约》和《巴黎公约》。在过去几十年时间里，这些公约及其他许多协议已经生效，并通过定期修订得到加强。

在 20 世纪 90 年代，全球范围内的商业惯例朝着全球化和一体化大步前进，包括各种类型的知识产权注册和保护。1993 年由 117 个国家签署的《关税及贸易总协定》（GATT）乌拉圭回合于 1995 年开始生效，产生了世界贸易组织

（WTO）及知识产权相关贸易（TRIPS）协议的实施。鼓励贸易和知识产权保护的地区协议包括 1993 年的《北美自由贸易协定》（NAFTA）和 1991 年的《美国安第斯贸易优惠法案》（ATPA）。

近年来，专门针对知识产权的多边协议也在快速增多。1994 年《商标法条约》正式通过，1989 年为修正和强化《马德里协定》，正式通过了《马德里议定书》，所有成员国都可以依据这些协定对知识产权进行集中注册。

在开始制定全球知识财产战略时，为了减少贸易壁垒，你需要考虑当前尚处于起步阶段的知识产权的扩张。虽然一些国家仍在自我封闭，但大部分国家已经意识到全球经济战略的制定和修改对于经济增长及维持强劲的经济至关重要。国家间的一体化使知识产权注册和保护更为便利，你的全球知识财产战略应该充分利用正在开发的区域或全球知识产权保护体系。

与此同时，认真考虑跨境系统的限制及存在的国家间差异至关重要。许多国际系统或地区系统都很新，旧体系会进行定期更新，因此它对知识产权的影响并不总是明确的。在接受和修改国家法律以便与国际协议一致方面，每个国家都按自己的步调行事，采用自己的偏好，按照自己的优先顺序及日程进行安排。因此，你的知识财产战略应该足够灵活，以适应全球知识财产情况的变化和改变。

文化守则

开发知识财产时

一定要考虑它能否得到普遍接受，受到不同文化背景影响，包括受不同道德、宗教、教育、历史及地理因素影响的消费者，是否渴望得到这种知识财产。应该尽量开发那种对文化差异容易修改的知识财产，并且有责任创造对社会有积极影响的知识财产。

不要试着取悦所有的人，否则研发成本会很高。要避免开发的核心特征受到苛刻或严格限制以及不花费大量劳动和金钱就无法改变的知识产权。不要拘泥于已有的观念和结论，而要在文化中认可亚文化。

初次遇见外商

一定要使用头衔以示尊重，要等对方先开始不拘礼节，要快速回应询问，要友善热情不傲慢，要给予对方相同的发言时间。总之，要确保相互理解，要注意那些影响彼此理解力的语言障碍。

切勿仓促行事。要提前弄清随着时间发展交易的方式在对方国家是否是常见的商务惯例。如果不是，那么完成交易；如果是，在签订任何合同之前先构建专业关系。如果你寻求多次交易，那么需要数月甚至一年的时间来达成长期协议。

在社交中促成交易

如果对方很有风度地想拓展与你的关系，一定要接受此邀请。要提前准备几个对方感兴趣的话题，而不是用手边的生意做话题。要研究互换礼物的文化规则，并选出能够代表你国家的礼物。

如果对方只关注生意或在会议期间受到时间限制，那么千万不要开展社交。不要批评对方所在国及其政府，也不要涉及像政治、宗教或个人问题这样的敏感话题。不要过度饮酒。

政治的作用

政治事件对一国经济有很大影响，因此也影响了知识产权在该国的价值。政局动荡会摧毁一国市场，而稳定的时局则是一笔巨大的资产，强劲增长的经济转而会起到稳定动荡政局的作用。尽管一些人认为，政客不应影响私人商务，但毫无疑问，政治总是一个主要的影响因素，因为政治和经济这两股力量紧密相连。

国际贸易在国家的经济中起到如此大的作用，以至于历届政府都使用直接或间接贸易壁垒强行改变其他国家的政府政策。贸易壁垒包括联合抵制、配额、关税、进出口限制、授权许可、消费者和标签要求以及环境条例。一国不充分保护国外商人的知识产权就是一种间接贸易壁垒。外国经常使用贸易制裁来影响另一个国家的内外贸易政策实践，同时也会采用让人高兴的贸易优惠政策来回馈国际社会中被认可进行了可取改变的国家。

作为全球贸易者，必须持续关注政治形势，你的知识财产战略应反映出各国的政治局势。你需要决定是否在那里拥有一个知识财产市场，在那里是否需要保护以及如何保护知识财产，以及确定一旦因目前的困难保护失败，是否会失去部分知识财产的价值。

提示 ☞

不要把某个国家或地区从你的名单中永久删除。要关注法律及政治氛围的改变，并随着贸易壁垒的放松寻找新的机遇。在特定市场开展业务之前，应该考虑这个国家过去及现在的政治环境是否对你的贸易有影响。然而，过去并非决定性因素。假定全球朝向和平促进商业贸易，那么你的市场很可能会扩大而非受到动荡历史的限制。

管制法律

你有责任在任何使用或开发自己知识产权的国家了解这些法律。在许多国家，知识财产法与不公平竞争法紧密结合，并且不公平竞争和侵权经常作为犯罪行为受到惩罚。执行知识产权的方式包括调解协商、民事诉讼及刑事诉讼，所有这些都要服从管制法律。

目前，在世界范围内，涉及知识产权的管制法律都处于变迁状态。许多国家正在构建自己的法律法规，以便与国际标准一致。新型知识财产，尤其是有关计算机和电子的知识财产，已经引发了新的法律问题，需要发展出新的管制法律来为其制定标准并提供保护。

知道并理解国内外法律的适用情况及商业界限，做到这一点至关重要。有国际法律经验的律师能就这些你应该了解的问题提出建议，因此应选择这样的律师，他能够使你了解可能影响知识产权的国内外法律法规的变化。

互联网问题

在知识产权领域，互联网给全球贸易者带来了一些棘手问题。成千上万的商业相关网站已经成立，并且每周还有数以千计的网站被创建。顶级域名（例如".com"、".org"和".net"）也在倍增，也包括针对国家网络的顶级域名。小企业和大企业一样都在创建网站，并保留主域名和衍生域名。然而，它们经常受到"域名抢注者"的困扰，这些人抢注那些既有可能被知名品牌使用又有可能被新建公司使用的域名。

互联网可以相对舒适和省钱的方式实现销售，这种潜力令人兴奋，但在互联网上对知识产权进行保护特别困难。一个人一次可以向不同国家成千上万的使用者数字化、压缩、上传、下载、复制或分发知识产权。受保护的材料，如文章、语音、图表、图像等，可以储存在网上并通过网络空间快速、低成本地传递。虽然互联网的机会无限，但知识产权执行、确保知识财产合理使用、为创作者收集补偿却是巨大的挑战。更严重的是，国际和国内的知识财产法律惯例无法跟上技术发展的步伐。

网络属于公众领域，因此把知识财产上传到互联网之前，如果不能对其加以保护，就会失去存在于知识财产上的个人权利。因此，大多数认可知识产权的国家，正在把现存的商标权和著作权保护法律运用到网络上的知识财产中。然而，法律法规中的问题远没有得到解决，因为知识财产法在商标最初使用的疆域概念基础上建立，并在本国或本地区得到发展。如果消费者对国界表现出困惑时，这种困惑最小，而且也能够得到解决。但在互联网上，知识财产冲突不再受地理界限约束，国家法律也不必对网络空间相关冲突进行处理。

在把知识财产发布到互联网之前，确保其已注册，把公司名称和商标作为世界范围内的域名，为确保应得补偿的分发和收集雇用监管服务。通过以上途径，世界范围内的贸易者就可以明智地保护好他们的知识财产。

第 11 章

多国法庭中的知识产权

知识产权的重要性和价值已经在各种国际、区域或双边条约、协议或惯例中得到认可，主要针对著作权、专利权和商标权（包括服务标识）提供认可和保护。在通常情况下，保护条款相当概括，因此允许各个成员国根据使用情况对条款进行限制或某种修改。基于此，也就没必要使用统一的国际体系了。然而，从根本上说，全球贸易者还是根据这些体系对外国司法管辖下的知识产权进行认可。集中注册的好处很多，因为通过集中注册，知识财产所有者能在多个国家获得对其权利而言既快速又有成本收益的保护。

■ 影响知识产权的国际条约

在知识产权领域，影响知识产权的多国或区域条约、协议或惯例可归入下列分类中的某一项。请记住，这不是全部名单。

认可知识产权并有相配的国家知识财产体系，包括：

◇ 东南亚国家联盟（ASEAN）

◇《保护文学和艺术作品伯尔尼公约》

◇《发送卫星传输信号布鲁塞尔公约》

◇ 关贸总协定（GATT）

◇《保护录音作品制作者、防止未经许可复制其录音制品日内瓦公约》

◇《制止商品来源虚假或欺骗性标记马德里协定》

◇《保护奥林匹克会徽内罗毕条约》

◇《北美自由贸易协定》（NAFTA）

◇《保护工业产权巴黎公约》

◇《保护表演者、音像制品制作者和广播组织罗马公约》

◇ 作为关贸总协定乌拉圭回合谈判一部分而确定的《与贸易有关的知识产权协议》

◇《商标法条约》（TLT）

◇ 世界知识产权组织（WIPO）

◇《世界知识产权组织版权条约》（《国际互联网条约》）

◇《世界知识产权组织表演和录音制品条约》（《国际互联网条约》）

建立了区域或国际知识财产库，包括：

◇ 非洲地区知识产权组织（ARIPO）

◇《国际承认用于专利程序的微生物保存布达佩斯条约》

◇《欧亚专利公约》

◇《欧洲专利公约》

◇《工业品外观设计国际保存海牙协定》

◇《保护原产地名称及其国际注册里斯本协定》

◇《商标国际注册马德里协定》

◇ 非洲知识产权组织（OAPI）

◇《泛美条约》

◇《专利合作条约》（PTC）

构建了国际分类体系对在册知识财产进行索引和检索的，包括：

◇ 为工业品外观设计建立国际分类的《洛迦诺协定》

◇《商标注册用商品和服务国际分类尼斯协定》

◇《国际专利分类斯特拉斯堡协定》

◇《建立商标图形要素国际分类维也纳协定》

由于篇幅所限，本书不可能列出现存于各国的所有双边协议，并且以这么小的篇幅覆盖所有协议也不可行。因此，本书只对具有广泛适用性的协议进行简要介绍，至于针对特殊情况的条约或协议，全球贸易者可向各自的法律顾问咨询。以下按字母顺序对所选协议进行简要介绍。

东南亚国家联盟（ASEAN）

- 知识产权：对所有知识产权进行认定和协调
- 生效日期：东南亚国家联盟，1967 年；知识产权框架协议，1995 年
- 成员国：文莱、柬埔寨、印度尼西亚、老挝、马来西亚、缅甸、菲律宾、新加坡、泰国和越南
- 联系网址：www. us-asean. org

□ 目标和作用

20 世纪 60 年代，东南亚国家联盟（以下简称东盟）的最初成员国为促进区域内的贸易和社会合作创建了这个区域贸易集团。1998 年，柬埔寨、老挝及越南也获准加入该组织。东盟的主要功能是促进成员国之间的政治、经济和社会交流并为它们提供贸易优惠，因此其核心就在于贸易增长和政治稳定，而非保护知识产权。

□ 对知识财产所有者的益处

东盟没有专门针对知识产权注册和保护的核心体系，但依照 1995 年 12 月的协议，成员国声明为这种体系构建一个框架。协议为各成员国设定了目标，以探索建立中心办公机构的通用条款，中心办公机构将负责提供知识产权注册服务，并为其提供有效的地区保护。但是，在接下来的东盟定期会议中，并未就区域知识财产体系达成进一步共识。

就目前来说，1995 年的协议要求成员国承担标准化和自动化的成本，并加强其知识财产法和执行系统。成员国必须实行《与贸易有关的知识产权协议》一致的惯例，并彼此就保护和执行知识产权达成合作。另外，按照东盟协议正在创建仲裁或其他可选择的争端解决体系，以便解决成员国之间有关知识产权问题的分歧。随着这些策略的实施，各东盟成员国的国际贸易者成为效力和效率日益提高的知识财产惯例的受益者。

《伯尔尼公约》

- 知识产权：对受著作权保护的作品进行认定和协调

■ 生效日期：1886 年；定期修订，最近一次修订在 1979 年

■ 成员国：阿尔巴尼亚、阿尔及利亚、安提瓜和巴布达、阿根廷、亚美尼亚、澳大利亚、奥地利、阿塞拜疆、巴哈马、巴林、孟加拉国、巴巴多斯、白俄罗斯、比利时、伯利兹、贝宁、玻利维亚、波斯尼亚和黑塞哥维那、博茨瓦纳、巴西、保加利亚、布基纳法索、喀麦隆、加拿大、佛得角、中非共和国、乍得、智利、中国、哥伦比亚、刚果、刚果民主共和国、哥斯达黎加、科特迪瓦、克罗地亚、古巴、塞浦路斯、捷克共和国、丹麦、多米尼加、多米尼加共和国、厄瓜多尔、埃及、萨尔瓦多、赤道几内亚、爱沙尼亚、斐济、芬兰、法国、加蓬、冈比亚、格鲁吉亚、德国、加纳、希腊、格林纳达、危地马拉、几内亚、几内亚比绍、圭亚那、海地、梵蒂冈、洪都拉斯、匈牙利、冰岛、印度、印度尼西亚、爱尔兰、以色列、意大利、牙买加、日本、约旦、哈萨克斯坦、肯尼亚、韩国、吉尔吉斯斯坦、拉脱维亚、黎巴嫩、莱索托、利比里亚、利比亚、列支敦士登、立陶宛、卢森堡公国、马其顿（前南斯拉夫共和国）、马达加斯加、马拉维、马来西亚、马里、马耳他、毛里塔尼亚、毛里求斯、墨西哥、摩尔多瓦、摩纳哥、蒙古、摩洛哥、纳米比亚、荷兰、新西兰、尼加拉瓜、尼日尔、尼日利亚、挪威、阿曼、巴基斯坦、巴拿马、巴拉圭、秘鲁、菲律宾、波兰、葡萄牙、卡塔尔、罗马尼亚、俄罗斯联邦、卢旺达、圣基茨和尼维斯、圣卢西亚、圣文森特和格林纳丁斯、塞内加尔、塞拉利昂、新加坡、斯洛伐克、斯洛文尼亚、南非、西班牙、斯里兰卡、苏丹、苏里南、斯威士兰、瑞典、瑞士、叙利亚、塔吉克斯坦、坦桑尼亚、泰国、多哥、特立尼达和多巴哥、突尼斯、土耳其、乌克兰、英国、美国、乌拉圭、委内瑞拉、南斯拉夫、赞比亚、津巴布韦

■ 联系网址：www. cepic. org/berne1. htm，www. cepic. org/berne2. htm

□ 目标和作用

《保护文学和艺术作品伯尔尼公约》把权利授予受著作权保护的文学艺术作品的所有者。它要求成员国颁布与公约中设定的国际标准一致的国内立法。随着新技术的发展，人们对 1886 年开始生效的公约定期进行修订，以扩大著作权的覆盖范围。

□ 对知识财产所有者的益处

在所有公约成员国中，不论所有者是否提出著作权注册申请，在他以有形媒介表达出作品的那一刻就会生成著作权。在任意一个成员国，都可以使用

《伯尔尼公约》保护著作权所有者的经济利益（比如再版权、公开演出权、展出权、发行权、改编权及翻译权）和道德权利（比如反对断章取义的权利，或反对其他有损于所有者荣誉或名声的作品修改）。

提示 👉 ▬▬▬▬▬▬▬▬▬▬▬▬▬▬▬▬▬▬▬▬▬▬▬▬▬▬▬

其他条约也对与著作权相关的权利进行了国际保护。这些相关权利的所有者在著作权所有人和作品对公众的表演、发行、展示或其他宣传方式之间构成一种联系纽带。因此，表演家、音乐家、广播员和制片人的权利都会得到《罗马公约》和《日内瓦公约》的保护。有关这些公约的信息可从世界知识产权组织的官方网站 www. WIPO. int 获得。

▬▬▬▬▬▬▬▬▬▬▬▬▬▬▬▬▬▬▬▬▬▬▬▬▬▬▬▬▬▬▬▬▬▬▬▬

欧共体商标和欧盟

- 知识产权：针对欧洲的商标区域注册
- 生效日期：1993 年；首次递交为 1996 年 1 月 1 日
- 成员国：奥地利、比利时、丹麦、芬兰、法国、德国、希腊、爱尔兰、意大利、卢森堡、荷兰、葡萄牙、西班牙、瑞典、英国
- 联系网址：www. germainmaureau. com/communo1. html

目标和作用

对于欧共体商标，贸易者可以递交一份注册申请；一旦注册生效，就会得到欧盟所有成员国的认可和执行。欧盟（EU）的前身是欧共体（EC），它是欧洲国家创立的区域性组织，目的是消除成员国之间的贸易壁垒。最初于 1958 年依照《罗马条约》成立的欧共体，是由三个独立的区域性组织（欧洲煤钢共同体、欧洲原子能联营、欧洲经济共同体）构成，三个组织分开进行行政管理，直到 1967 年其行政功能合并。

为减少并消除欧洲区域内的贸易壁垒，欧盟成员国需要协调各国的商标法并最终成立中央注册处。1993 年，作为国家注册的一种选择而非替代，出现了欧共体商标（CTM），首个欧共体商标申请在 1996 年获得通过。

对知识财产所有者的益处

CTM 只是一种商标注册，它可以涵盖欧盟的所有成员国，在注册后，知识

财产所有者无须在这些国家进行保护和维持商标的注册。注册申请递交到位于西班牙阿利坎特的协调局即可。根据《巴黎公约》，"优先申请"原则有效，协调局会认可国家商标注册日期以建立优先资格来避免商标注册冲突。不同国家的商标注册过程大体相同，包括形式审查、实质性审查、公示期及异议期。一旦获得注册，CTM 的商标有效期为十年，若商标一直使用，随后每次延期获得的有效期也是十年。

申请 CTM 也有一些不足。例如，从递交单个 CTM 申请到发给证书期间的花费，尽管会少于在每个欧盟成员国提出申请的成本，但也会比在单个国家提出注册申请的花费要高。另一个难题是国家注册，尤其在英国、荷兰和法国这三个国家，要以领地财产的形式提交以获得支持；随着越来越多的领地获得独立，以及先前的领地也开始颁布自己的法律，这个问题将会得到解决。CTM 的第三个缺点是，注册申请可被任何一个成员国驳回，并且进而影响到整个 CTM 的申请过程。被拒绝的申请人可要求把 CTM 申请转换成国家注册，这样他们就可以保留 CTM 申请中获得的优先日期。

《欧洲专利公约》

- 知识产权：在欧洲对于专利权的区域性注册
- 生效日期：1977 年；首次递交为 1978 年
- 成员国：奥地利、比利时、塞浦路斯、丹麦、芬兰、法国、德国、希腊、爱尔兰、意大利、列支敦士登、卢森堡、摩纳哥、荷兰、葡萄牙、西班牙、瑞典、瑞士、英国，并且保护范围也扩展到阿尔巴尼亚、拉脱维亚、立陶宛、罗马尼亚和斯洛文尼亚
- 联系网址：www. european-patent-office-office. org/index. htm

□ 目标和作用

在 1977 年签订《欧洲专利公约》（EPC）时，为处理欧洲各国间的专利权申请，同时成立了中央注册处。这个公约也创建了欧洲专利局（EPO），并于 1978 年开始接受专利。为专利权建立中央注册处的目的，与成立欧共体商标的目的一样，都是为了协调成员国之间的专利权法并减少有关知识产权的贸易壁垒。与欧共体商标不同，《欧洲专利公约》完全独立于欧盟。现在，欧洲专利局每年要处理将近十万份专利权申请。

□ 对于知识财产所有者的益处

显然，提交单个专利权申请可省时省力并节省成本，尤其是在三个或更多国家寻求保护的时候。任何创新发明都能申请《欧洲专利公约》中的专利权，但这项发明必须未被先有技术禁止，因为先有技术通过书面或口头描述，通过使用或通过任何其他允许公众决定发明性质的方式，使公众知晓一切。

单个申请可递交到位于德国慕尼黑或荷兰海牙的欧洲专利局，专利申请只需由欧洲专利局审查一次，而不是让每个成员国分别审查一次。此过程类似于通常的国际惯例，需要公示、提交检查请求、定期支付年费。然而，把专利译成法语和德语时会产生额外费用，并且一旦专利得到接受，还要支付期望专利得到保护国家的相关机构要求的官方费用。

一旦申请获得批准，《欧洲专利公约》下的专利权就会演变为单个国家的专利权，每个成员国一个，国家专利权自申请之日起有效期为二十年。

关贸总协定（GATT）

■ 知识产权：对所有知识产权进行认定和协调

■ 生效日期：1948年；在此后各回合谈判中定期修改

■ 成员国：阿尔巴尼亚、阿尔及利亚、安道尔、安哥拉、安提瓜和巴布达、阿根廷、亚美尼亚、澳大利亚、奥地利、阿塞拜疆、巴哈马群岛、巴林岛、孟加拉国、巴巴多斯、白俄罗斯、比利时、伯利兹、贝宁、不丹、玻利维亚、波斯尼亚和黑塞哥维那、博茨瓦纳、巴西、文莱、保加利亚、布基纳法索、布隆迪、柬埔寨、喀麦隆、加拿大、佛得角、中非共和国、乍得、智利、中国、哥伦比亚、刚果、哥斯达黎加、科特迪瓦、克罗地亚、古巴、塞浦路斯、捷克共和国、朝鲜、刚果金、丹麦、多米尼加、多米尼加共和国、厄瓜多尔、埃及、萨尔瓦多、赤道几内亚、厄立特里亚、爱沙尼亚、埃塞俄比亚、斐济、芬兰、法国、加蓬、冈比亚、格鲁吉亚、德国、加纳、希腊、格林纳达、危地马拉、几内亚、几内亚比绍、圭亚那、海地、梵蒂冈、洪都拉斯、匈牙利、冰岛、印度、印度尼西亚、伊拉克、爱尔兰、以色列、意大利、牙买加、日本、约旦、哈萨克斯坦、肯尼亚、韩国、科威特、吉尔吉斯斯坦、拉脱维亚、黎巴嫩、莱索托、利比里亚、利比亚、列支敦士登、立陶宛、卢森堡、马其顿（前南斯拉夫共和国）、马达加斯加、马拉维、马来西亚、马里、马耳他、毛里塔尼亚、毛里求斯、墨西哥、摩尔多瓦、摩纳哥、蒙古、摩洛哥、莫桑比克、纳米比亚、尼泊尔、荷兰、新西兰、尼加拉瓜、尼日尔、尼日利亚、挪威、阿曼、巴基斯坦、巴拿马、巴布亚新几内亚、巴拉圭、秘鲁、菲律宾、波兰、葡萄牙、卡塔尔、罗马尼亚、俄罗斯联邦、卢旺达、圣基茨和尼维斯、圣卢西亚、圣文森特和格林纳丁斯、萨摩亚、圣马力诺、圣多美与普林西比、沙特阿拉伯、塞内加尔、塞拉利昂、新加坡、斯洛伐克、斯洛文尼亚、索马里、南非、西班牙、斯里兰卡、苏丹、苏里南、斯威士兰、瑞典、瑞士、塔吉克斯坦、坦桑尼亚、泰国、多哥、特立尼达和多巴哥、突尼斯、土耳其、土库曼斯坦、乌干达、乌克兰、阿拉伯联合酋长国、英国、美国、乌拉圭、乌兹别克斯坦、委内瑞拉、越南、也门、南斯拉夫、赞比亚、津巴布韦

■ 联系网址：www. fas. usda. gov/itp/Policy/Gatt/gatt. html

□ 目标和作用

作为对导致第二次世界大战爆发的贸易冲突的回应，当23个国家在1948年签订关贸总协定时，此协定起初被认为是一种临时协定。目前，关贸总协定已成为国际贸易的关键机构，成员国超过170个，许多非成员国在采用关贸总协定原则。关贸总协定的主要目标是为世界贸易问题谈判提供一个平台，旨在实现国际贸易自由化并确保国际贸易安全，包括减少贸易壁垒和改善国际贸易关系，其主导的国际谈判称为"回合"。正是在乌拉圭回合谈判中，成员国为关贸总协定创建了新的执行框架，即世界贸易组织（WTO）。

□ 对于知识财产所有者的益处

在知识财产条例中，关贸总协定的主要益处如下：

◇ 知识财产协议法庭。为保护和执行成员国间的知识产权，关贸总协定为制定多边协议提供平台。

◇ 保护商业机密。成员国对保护所有成员国居民或成员国拥有的商业机密做出保证。

◇ 遵守《伯尔尼公约》和《巴黎公约》。签订关贸总协定的所有成员国必须同时履行《伯尔尼公约》和《巴黎公约》。

◇ 有关知识产权的具体协议。添加到关贸总协定中的是《与贸易有关的知识产权协议》，所有成员国都是签署国，并且在过渡期也必须遵守此协议。

《尼斯协定》

- 知识产权：创建针对商标的分类系统
- 生效日期：1957 年；定期修订，最新一次修订是在 1979 年
- 成员国：阿尔及利亚、澳大利亚、奥地利、巴巴多斯、白俄罗斯、比荷卢经济联盟［比利时、卢森堡、荷兰（包括阿鲁巴岛）］、贝宁、波斯尼亚和黑塞哥维那、中国［包括澳门特别行政区］、智利、克罗地亚、古巴、捷克共和国、朝鲜、丹麦［包括法罗群岛］、多米尼加、爱沙尼亚、芬兰、法国、德国、希腊、几内亚、匈牙利、冰岛、爱尔兰、以色列、意大利、日本、韩国、吉尔吉斯斯坦、拉脱维亚、黎巴嫩、列支敦士登、立陶宛、马其顿（前南斯拉夫共和国）、马拉维、摩尔多瓦共和国、摩纳哥、摩洛哥、挪威、波兰、葡萄牙、卡塔尔、罗马尼亚、俄罗斯联邦、新加坡、斯洛伐克、斯洛文尼亚、西班牙、苏里南、瑞典、瑞士、塔吉克斯坦、坦桑尼亚、特立尼达和多巴哥、突尼斯、土耳其、乌克兰、英国、美国、乌拉圭、南斯拉夫。
- 联系网址：www. uspto. gov/go/tac/doc/gsmanual/nice. htm，www. wipo. org/eng/general/ipip/nice. htm

□ 目标和作用

作为多国条约之一的《尼斯协定》建立了一套国际分类体系，使得成员国可以更加灵活有效地对知识财产注册情况进行辨认和索引。随着一国为识别与货物和服务相关的知识产权而创建自己的分类，分类体系的概念首先在国家层面上得到发展。不久，各国领导者认识到这种国家体系是一种间接贸易壁垒，因此聚到一起针对知识财产的注册创建了几个国际体系。《尼斯协定》专门针对与成员国商标和服务标识注册相关的货物和服务进行分类。尼斯分类法甚至被目前仍不是签约国的国家通过或采纳。

□ 对于知识财产所有者的益处

在履行尼斯分类法的国家中，与商标和服务标识相关的货物和服务索引几近相同。商人可以从 42 种货物和服务中进行选择，使得在多个国家提出申请变得更有效率。另外，成员国商标和服务标识的索引也是类似的，这使得为注册搜寻相同或类似的商标以及对已注册商标进行强制执行变得

更容易。

在依据尼斯分类法时一定要多加小心，因为《尼斯协定》允许成员国对分类进行修改并给出例外情况。因此，一些国家根本不支持服务标识注册，一些国家拒绝认可零售服务。通常应由精通特定国家法律规则的当地法律顾问来递交注册申请书。

马德里联盟

■ 知识产权：对商标进行集中注册

■ 生效日期：《马德里协定》，1891 年；《马德里议定书》，1989 年；《通用原则》，1996 年

■ 成员国：阿尔巴尼亚（A）、阿尔及利亚（A）、安提瓜和巴布达（P）、亚美尼亚（A&P）、奥地利（A&P）、阿塞拜疆（A）、白俄罗斯（A）、比利时/比荷卢经济联盟（比利时、荷兰、卢森堡）（A&P）、不丹（A&P）、波斯尼亚和黑塞哥维那（A）、保加利亚（A）、中国（A&P）、克罗地亚（A）、古巴（A&P）、捷克共和国（A&P）、朝鲜（A&P）、丹麦（P）、埃及（A）、爱沙尼亚（P）、芬兰（P）、法国（A&P）、格鲁吉亚（P）、德国（A&P）、希腊（P）、匈牙利（A&P）、冰岛（P）、意大利（A&P）、日本（P）、哈萨克斯坦（A）、肯尼亚（A&P）、吉尔吉斯斯坦（A）、拉脱维亚（A&P）、莱索托（A&P）、利比里亚（A）、列支敦士登（A&P）、立陶宛（P）、卢森堡/比荷卢经济联盟（比利时、荷兰、卢森堡）（A&P）、马其顿（前南斯拉夫共和国）（A）、摩尔多瓦（A&P）、蒙古（A）、摩洛哥（A&P）、莫桑比克（A&P）、荷兰/比荷卢经济联盟（比利时、荷兰、卢森堡）（A&P）、挪威（P）、波兰（A&P）、葡萄牙（A&P）、罗马尼亚（A&P）、俄罗斯联邦（A&P）、圣马力诺（A）、塞拉利昂（A&P）、新加坡（P）、斯洛伐克（A&P）、斯洛文尼亚（A&P）、西班牙（A&P）、苏丹（A）、斯威士兰（A&P）、瑞典（P）、瑞士（A&P）、塔吉克斯坦（A）、土耳其（P）、土库曼斯坦（P）、乌克兰（A&P）、英国（P）、乌兹别克斯坦（A）、越南（A）、南斯拉夫（A&P）

(A)《马德里协定》的签署国。

(P)《马德里议定书》的签署国。

■ 联系网址：www.wipo.org/eng/document/govbody/wo_gb_mm/index_32.htm

□ 目的和作用

《商标国际注册马德里协定》的签署国为成员国间的商标注册创建了中心局。首次签署此协议是在 1891 年，而后进行定期修订。1989 年为解决协定中阻止一些国家加入的问题，签署了与《马德里协定》有关的《马德里议定书》，并使其具有新的特色。这些协定目前以马德里联盟的形式为人所知，并且不局限于特定地区，除北美、南美和澳大利亚之外，几乎在每个大陆都有成员国。

□ 对知识财产所有者的益处

申请马德里联盟商标注册的明显好处是，只需一次申请就可获得所有成员国的认可。然而，生活从来都不容易，马德里联盟下的商标注册和执行过程同样如此。事实上，许多国家就因为认识到马德里联盟的弱点才拒绝加入。因此，在马德里联盟下商标注册的优势必须与随后介绍的劣势进行权衡。

□ 知识产权注册

现在马德里联盟的国际注册局由世界知识产权组织进行管理。马德里联盟成员国的任何国民或公民若符合以下要求，均可作为申请人向国际局提交商标申请：

1. 申请人必须在成员国定居，或者必须在那里拥有真实有效的产业或商业经营场所。

2. 申请人必须是商标的所有人。

3. 申请人必须已经在他（她）自己的国家注册过商标或提出过商标注册申请。

为了在国际局登记，接下来待注册或已注册本国商标的所有者应申请马德里联盟注册，可向本国处理此类申请的指定机构提交。因此，注册过程是否有效率就部分取决于本国指定机构的办事速度和灵活性。在通常情况下，此机构就是接受国内申请的商标局。

接着，指定机构将申请转发到国际局，国际局将处理申请、注册商标、向所有成员国发出注册公示并通知注册涉及的每个成员国。但是，此阶段商标尚未得到成员国保护。

□ 马德里注册的影响

假设国际注册变得很有效率，那么每个国家必须像对待本国注册一样对待国际注册。这种处理是与马德里联盟相悖的主要因素之一：把执行降到国家层面削弱了中央注册处的作用。为尽量满足所有国家的要求，结果就是商标注册的不统一以及无法实现强制执行。因此，对商标的保护最终依赖于国家的接受度，而申诉取决于国家程序，并且对注册后的第一个五年，国际注册的存续依赖于本国注册的存在。

■ 国内认可或驳回。每个成员国都有权接受或驳回注册申请，并且有一整年的时间来为此做出决定。任何一个成员国都可以驳回商标的注册申请，假定这个拒绝有"合理的根据"做支撑的话。如果成员国接受了注册或在一年内未能做出决定，那么该注册的商标如同在国内注册的商标一样开始生效。

提示 👉

> 对于《马德里议定书》的签署国来说，必须在十八个月内而不是在一年之内接受商标。因此，在商标可得到《马德里议定书》成员国保护之前，很可能两年已经过去了。

只有当驳回注册的国家有上诉程序时，申请人方可进行驳回上诉，同时不存在国际局层面的上诉。另外，在一国进行的申诉不会影响注册商标在其他接受国家的生效日期。

■ 有效期和取消。国际注册有效期十年，续期后外加十年有效期。

提示 👉

> 争取马德里联盟注册时，申请时间对于确保尽可能早地获得优先日期至关重要。优先日期决定了较其他类似或相同商标的注册者，你是否有权要求专有权。如果另一方拥有更早的优先日期，那么你的申请就会被驳回。

国际注册从下列日期中最早的那个开始计算有效期，十年之内有效：①假如提交本国申请后的六个月内提交了国际申请，从正式提交本国注册申请的日期算起；②本国指定机构收到商标的国际申请，假如两个月内国际局也收到申请，从本国指定机构收到申请之日算起；③从国际局收到国际申请的日期算起，如果在国际注册的最初五年中商标所有者的国内注册被驳回或被取消，那么国际注册也将被取消。但是，商标所有者可以通过向每个已宣布接受此商标国家的登记处提交申请来获得保护。另外，如果是在取消或驳回后的三个月内提交国家注册申请，国家登记处会赋予所有者与国际注册一样的国内注册优先日期。

■ 知识产权的执行和转让。为执行专有权，马德里联盟注册商标的所有者必须在其希望实施专有权的特定成员国中遵照当地程序和赔偿方案进行，不存在任何中央实施机制或跨境实施机制。

如果马德里注册商标的所有者决定转让、授权许可或以其他形式将注册获取的权利转让给另一方，只有国际局有备案的转让才会在指定国家生效。为保持马德里联盟注册的有效性，所有权只可转让给或转移给拥有国籍或定居在那儿的一方。

《巴黎公约》

■ 知识产权：对所有知识产权的认定和协调
■ 生效日期：1883 年；10～15 年定期修订
■ 成员国：阿尔巴尼亚、阿尔及利亚、安提瓜和巴布达、阿根廷、亚美尼亚、澳大利亚、奥地利、阿塞拜疆、巴哈马群岛、巴林、孟加拉国、巴巴多斯、白俄罗斯、比利时、伯利兹、贝宁、不丹、玻利维亚、波斯尼亚和黑塞哥维那、博茨瓦纳、巴西、保加利亚、布基纳法索、布隆迪、柬埔寨、喀麦隆、加拿大、中非共和国、乍得、智利、中国［包括香港特别行政区和澳门特别行政区］、哥伦比亚、刚果、哥斯达黎加、科特迪瓦、克罗地亚、古巴、塞浦路斯、捷克共和国、朝鲜、刚果金、丹麦［包括法罗群岛］、多米尼加、多米尼加共和国、厄瓜多尔、埃及、萨尔瓦多、赤道几内亚、爱沙尼亚、芬兰、法国、加蓬、冈比亚、格鲁吉亚、德国、加纳、希腊、格林纳达、危地马拉、几内亚、几内亚比绍、圭亚那、海地、梵蒂冈、洪都拉斯、匈牙利、冰岛、印度、印度尼西亚、伊朗、伊拉克、爱尔兰、以色列、意大利、牙买加、日本、约旦、哈萨克斯坦、肯尼亚、韩国、吉尔吉斯斯坦、老挝、拉脱维亚、黎巴嫩、莱索托、利比里亚、利比亚、列支敦士登、立陶宛、卢森堡、马其顿（前南斯拉夫共和国）、马达加斯加、马拉维、马来西亚、马里、马耳他、毛里塔尼亚、毛里求斯、墨西哥、摩尔多瓦、摩纳哥、蒙古、摩洛哥、莫桑比克、荷兰［包括荷属安的列斯和阿鲁巴岛］、新西兰［包括库克群岛、纽埃岛和托克劳群岛］、尼加拉瓜、尼日尔、尼日利亚、挪威、阿曼、巴拿马、巴布亚新几内亚、巴拉圭、秘鲁、菲律宾、波兰、葡萄牙、卡塔尔、罗马尼亚、俄罗斯联邦、卢旺达、圣基茨和尼维斯、圣卢西亚岛、圣文森特和格林纳丁斯、圣马力诺、圣多美和普林西比、塞内加尔、塞拉利昂、新加坡、斯洛伐克、斯洛文尼亚、南非、西班牙、斯里兰卡、苏丹、苏里南、斯威士兰、瑞典、瑞士、叙利亚、塔吉克斯坦、坦桑尼亚、多哥、特立尼达和多巴哥、突尼斯、土耳其、土库曼斯坦、乌干达、乌克兰、阿联酋、英国〔包括英国属地曼岛〕、美国〔包括关岛和波多黎各〕、乌拉圭、乌兹别克斯坦、委内瑞拉、越南、南斯拉夫、赞比亚、津巴布韦

■ 联系网址：www. wipo. org/treaties/ip/paris

□ 目的和作用

《巴黎公约》设置了成员国法律范围内必须采纳并遵循的几个标准和指令。《巴黎公约》的全称是《保护工业产权巴黎公约》，是 1883 年 3 月世界领导人终极峰会的产物。该公约阐明的目标如下：①为成员国之间知识财产的保护制定更统一的规则；②加强保护和执行机制；③鼓励对知识财产注册的跨境认可，包括优先申报和对等保护。成员国的目的是，通过消除国家间知识产权处理中的冲突和不公平竞争来促进国际贸易。这些冲突实际上就是间接贸易壁垒。

此公约现由世界知识产权组织管理，并且关贸总协定下的《与贸易有关的知识产权协议》已经把《巴黎公约》的适用范围扩展到世界贸易组织的成员国，而不管这些国家是否是《巴黎公约》的直接签署国。其结果是，目前《巴黎公约》是全球保护知识财产方面最重要的国际协议之一。

□ 对于知识财产所有者的益处

不像由区域协定或马德里联盟创立的知识财产登记中心，《巴黎公约》对于一般的企业主几乎没有渗漏效应。另外，其条款相当模糊，定位在太高的政治层面，即立法和行政规章制定部门，这些部门很难理解如何才能把这些通用条款应用于具体情况。但是，对公约的应用是非常现实的东西，而且对公约条款意义的理解也极其重要。

■ 谁受益。凡是属于《巴黎公约》成员国国民或常住居民的个人或企业单位，在与其他任何公约成员国进行交易的过程中，都有权要求采用公约条款。如果非成员国国民在成员国定居或在那里拥有真实有效的工业或商业设施，也可受到保护。

■ 优先日期。对于知识财产所有者来说，非常重要且直接可得的益处是公约中有关知识财产注册优先日期的条款。在知识财产所有者递交注册申请的同时，"优先日期"也被给予该申请。这个优先日期建立了申请人所有权假设，此后申请人有权反对他人对相同或类似知识财产提出的注册申请。

《巴黎公约》为递交附带优先权的申请设定了六个月的时间段。在此期间，

允许递交知识财产注册申请的成员国国民，通过使用首次递交申请获得的优先日期来向其他成员国递交知识财产注册申请。也就是说，如果申请人在寻求知识财产注册的第一个成员国提交过相同知识财产的注册申请，那么自提交之日起的六个月内按公约条款提出申请，公约成员国将正式授予比实际提交申请更早的优先日期，这个更早的优先日期与在第一个成员国内提交注册申请的日期相同。

> 例子：如果一位墨西哥公民于2010年4月3日在墨西哥提交一份商标注册申请，那么此递交日期就开启了一个六个月的时间段。在此期间，此人可在任何一个或多个《巴黎公约》成员国内提交对相同商标的注册申请，并可要求得到与墨西哥认可相同的优先递交日期。如果这位墨西哥公民于2010年5月23日在阿根廷、2010年7月18日在瑞典、2010年9月15日在日本分别递交相同商标的注册申请，那么这些申请中的每一个都能要求获得2010年4月3日作为优先日期。

■ 互惠原则。互惠要求通过取消对国内知识产权的优惠待遇，消除间接贸易壁垒。互惠要求可使知识财产的执行和保护对外商来说变得更具可行性和效率。每个成员国必须像对待本国公民注册的知识财产一样用相同的态度对待外国所有者注册的知识财产。这意味着采用相同的检查标准、相同的花费和相同的条款排他性。此外，还要为国内外的知识财产所有者提供同样的知识产权保护。

■ 同一对待。因为《巴黎公约》的条款要求成员国的知识财产体系符合公约要求，因此在外国递交知识财产注册申请并对其进行维护就变得更容易了。

在商标领域，企业主可从公约条款中获益。公约条款要求所有成员国做到：

1. 对服务商标和集体商标进行认证。

2. 注册独立于在其他国家注册的商标，意味着一个国家的驳回或无效注册不会自动影响该商标在其他成员国的有效性。

3. 为申请人开始使用商标留出合理的时间，如果进行强制使用，需要对非使用状态做出合理解释。

4. 对于同一商标所有者针对已在母国注册的商标提出的注册申请予以接受，除非其母国法律不允许注册此类商标

■ 驰名商标。《巴黎公约》中最有利的条款之一是有关保护驰名商标的规定。公约规定：如果商标涉嫌复制、模仿、翻译或可能与别国驰名商标产生混淆，成员国商标机构必须驳回此类商标的注册。通过要求驰名商标本身必须有权得到公约保护以及要求驰名商标必须用于同样的或类似的货物或服务，公约这种宽泛的禁止尽管对公约的作用产生了一定的局限性，但依然能够保护并经

常用于保护国际贸易商的驰名商标。公约中有关驰名商标的条款为《与贸易有关的知识产权协议》创造了条件，正如本章随后介绍的，这项协议扩大了给予驰名商标的保护范围。

> 例子：ABC 公司想在柬埔寨针对自行车和汽车轮胎注册 ABCCO 商标。此商标在世界上非常受欢迎，可认为是驰名商标。但是，柬埔寨商标注册处驳回了注册，因为已经有人以柬埔寨公民的名义对此类货物注册了相同的商标。ABC 公司可提交申诉书要求取消先有商标，也可依据柬埔寨法律和《巴黎公约》中的相关条款保护自己的驰名商标。如果 ABC 公司能够证明其商标在柬埔寨为人所知，哪怕是通过媒体宣传产生的"溢出声誉"为公众所知，注册处就能实施取消。一旦先有注册取消了，ABC 公司随后就可要求注册处接受其注册申请。

□《专利合作条约》

■ 知识产权：建立专利的集中注册

■ 生效日期：1970 年；在 1979 年和 1984 年进行了修订

■ 成员国：阿尔巴尼亚、阿尔及利亚、安提瓜和巴布达、亚美尼亚、澳大利亚、奥地利、阿塞拜疆、巴巴多斯、白俄罗斯、比利时、伯利兹、贝宁、波斯尼亚和黑塞哥维那、巴西、保加利亚、布基纳法索、喀麦隆、加拿大、中非共和国、乍得、中国［包括香港特别行政区］、刚果、哥斯达黎加、科特迪瓦、克罗地亚、古巴、塞浦路斯、捷克共和国、朝鲜、丹麦、多米尼加、爱沙尼亚、芬兰、法国、加蓬、冈比亚、格鲁吉亚、德国、加纳、希腊、格林纳达、几内亚、几内亚比绍、匈牙利、冰岛、印度、印度尼西亚、爱尔兰、以色列、意大利、日本、哈萨克斯坦、肯尼亚、吉尔吉斯斯坦、拉脱维亚、莱索托、利比里亚、列支敦士登、立陶宛、卢森堡、马其顿（前南斯拉夫共和国）、马达加斯加、马拉维、马里、毛里塔尼亚、墨西哥、摩尔多瓦、摩纳哥、蒙古、摩洛哥、莫桑比克、荷兰［包括荷属安的列斯和阿鲁巴岛］、新西兰、尼日尔、挪威、波兰、葡萄牙、罗马尼亚、俄罗斯联邦、圣卢西亚、塞内加尔、塞拉利昂、新加坡、斯洛伐克、斯洛文尼亚、南非、西班牙、斯里兰卡、苏丹、斯威士兰、瑞典、瑞士、塔吉克斯坦、坦桑尼亚、多哥、特立尼达和多巴哥、土耳其、土库曼斯坦、乌干达、乌克兰、阿联酋、英国［包括英国属地曼岛］、美国［包括关岛和波多黎各］、乌兹别克斯坦、越南、南斯拉夫、津巴布韦

■ 联系网址：www.uspto.gov/web/offices/pac/dapps/pct/pct.com

□ 目标和作用

《专利合作条约》为发明者在更多国家寻求专利保护建立了中央登记处。条约成员国的目的就是想在多个国家简化获得此类保护的程序，并使其更经济。人们相信更有效率和更具成本—收益的体系能够加快人们获取专利申请中所包含的技术信息。

□ 对知识财产所有者的益处

如果专利所有者是《专利合作条约》的成员国居民或国民，那么他就可以递交国际《专利合作条约》申请，以获取一个或多个成员国对其专利的保护。《专利合作条约》对于发明专利、实用新型专利、附加专利及其证书均有效。此外，通过申请人的指定，单独的《专利合作条约》申请在任何成员国均合法有效。

《专利合作条约》申请所需的文件与国内申请递交的文件非常相似，需要递交权利要求、摘要、说明书及图示。为了与《专利合作条约》保持一致，可能需要做一些修改。专利起草中的复杂部分最好交给律师来完成。

提示☞

如果你打算递交《专利合作条约》申请，就应该在申请国家专利之后立即采取措施。《专利合作条约》申请对于时间的限制很严格，一旦错过最后期限就不允许提交申请。

□《商标法条约》

■ 知识产权：协调国家商标法
■ 生效日期：1994 年 10 月 27 日
■ 成员国：澳大利亚、布基纳法索*、塞浦路斯、捷克共和国、丹麦、埃及、几内亚*、匈牙利、印度尼西亚、爱尔兰、日本、拉脱维亚、列支敦士登、立陶宛、摩尔多瓦、摩纳哥、荷兰**、罗马尼亚、俄罗斯联邦、斯洛伐克、西班牙、斯里兰卡、瑞士、特立尼达和多巴哥、乌克兰、英国、美国、乌兹别克斯坦、南斯拉夫

* 非洲知识产权组织提交其认可文件三个月后生效。
** 比利时和卢森堡提交其认可文件三个月后生效。

■ 联系网址：www. uspto. gov/web/offices/com/sol/tmlwtrty

□ 目标和作用

《商标法条约》与《巴黎公约》类似，因为它并没有构建一个中央注册处或执行机制，而只是要求成员国各自的商标体系与指导方针一致。这些方针包括注册申请的相关程序要求以及注册变动和更新。《商标法条约》为成员国的使用提供了一套样本模板。

《商标法条约》于 1994 年 10 月正式通过，目前有 20 余个成员国。其会员身份对世界知识产权组织成员国开放，但因为《商标法条约》要求加入国在加入之前必须遵照统一的指导方针落实法律和相关程序，因此只有极少数的世界知识产权组织成员国加入《商标法条约》。然而，遵循《与贸易有关的知识产权协议》的国家，几乎不需要努力就可满足《商标法条约》的指导方针，因此在对商标法进行现代化管理的国家，《商标法条约》更能得到广泛接受。

□ 对知识财产所有者的益处

《商标法条约》强调了注册和执行商标的具体程序要求，因此它对全球商人的影响要比《巴黎公约》或《与贸易有关的知识产权协议》条款的影响更明显。例如，《商标法条约》成员国中的贸易者会发现：

◇ 由于统一的申请方针，《商标法条约》不同成员国间的注册过程和延期程序很相似。

◇ 不再需要由公众和领事馆官员对商标注册所提交的文件进行确认和合法化。

◇ 因为《商标法条约》成员国必须使用国际分类，所以对货物和服务的当地分类不再是一种障碍。

◇ 注册的商标在《商标法条约》成员国中的有效期为十年，延期后另加十年有效期。

《与贸易有关的知识产权协议》

■ 知识产权：对所有知识产权的认定和协调

■ 生效日期：1995 年 1 月 1 日；世界知识产权组织与世界贸易组织间达成的协议，于 1996 年 1 月 1 日生效

■ 成员国或地区：安提瓜和巴布达、安哥拉、阿根廷、澳大利亚、奥地利、巴林、孟加拉国、巴巴多斯、比利时、伯利兹、贝宁、玻利维亚、博茨瓦纳、巴西、文莱达鲁萨兰国、布基纳法索、布隆迪、喀麦隆、加拿大、中非共和国、乍得、智利、哥伦比亚、刚果、哥斯达黎加、科特迪瓦、古巴、塞浦路斯、捷克共和国、刚果金、丹麦、吉布提、多米尼加、多米尼加共和国、厄瓜多尔、埃及、萨尔瓦多、欧盟、斐济、芬兰、法国、加蓬、冈比亚、德国、加纳、希腊、格林纳达、危地马拉、几内亚、几内亚比绍、圭亚那、海地、洪都拉斯、中国香港特别行政区、匈牙利、冰岛、印度、印度尼西亚、爱尔兰、以色列、意大利、牙买加、日本、肯尼亚、科威特、莱索托、列支敦士登、卢森堡、中国澳门特别行政区、马达加斯加、马拉维、马来西亚、马尔代夫、马里、马耳他、毛里塔尼亚、毛里求斯、墨西哥、蒙古、摩洛哥、莫桑比克、缅甸、纳米比亚、荷兰、新西兰、尼加拉瓜、尼日尔、尼日利亚、挪威、巴基斯坦、巴拿马、巴布亚新几内亚、巴拉圭、秘鲁、菲律宾、波兰、葡萄牙、卡塔尔、韩国、罗马尼亚、俄罗斯联邦、卢旺达、圣基茨和尼维斯、圣卢西亚、圣文森特和格林纳丁斯、塞内加尔、塞拉利昂、新加坡、斯洛伐克、斯洛文尼亚、所罗门群岛、南非、西班牙、斯里兰卡、苏里南、斯威士兰、瑞典、瑞士、坦桑尼亚、泰国、多哥、特立尼达和多巴哥、突尼斯、土耳其、乌干达、阿联酋、英国、美国、乌拉圭、委内瑞拉、赞比亚、津巴布韦

■ 联系网址：www.wto.org/english/tratop_e/trips_e/ trips_e.htm

□ 目标和作用

过去十年达成的贸易协定中最重要的一个是世界贸易组织协议，附加于世界贸易组织协议的、同样拥有很长名字的协议称为《与贸易有关的知识产权协议》，即 TRIPS。这些协议于 1995 年 1 月 1 日起生效。由于得到世界贸易组织实质性的支持，《与贸易有关的知识产权协议》实际上已成为知识产权保护的国际标准。

《与贸易有关的知识产权协议》的条款与由世界知识产权组织及其前任机构实施的条例和公约紧密联系了很多年，因此世界知识产权组织与世界贸易组织签订了一个联合协议，协议要求这两个机构共同配合以实施和管理《与贸易有关的知识产权协议》。

《与贸易有关的知识产权协议》的目的是：通过促使成员国采用有效的、恰当的法律措施和程序来保护各类知识产权，并以此减少贸易壁垒。与要求具体的统一程序不同，《与贸易有关的知识产权协议》几乎不要求成员国达到某种最低或最基本的保护标准，从而给各国留下了空间以自行确定履行《与贸易有关

的知识产权协议》条款的方式。

□ 对知识财产所有者的益处

《与贸易有关的知识产权协议》以类似于《巴黎公约》和《伯尔尼公约》的方式，对国际贸易商人产生影响。实际上，《与贸易有关的知识产权协议》强化了这两个公约中的权利，并通过《与贸易有关的知识产权协议》的运用结合在一起。随着各国为保护和执行知识产权而颁布新的法律，贸易者会间接、自然地受其影响。世界的每个角落都会感受到这种影响，因为《与贸易有关的知识产权协议》是作为世界贸易组织协议的一部分被广泛接受的。

《世界知识产权组织公约》

■ 知识产权：对所有类型的知识产权进行认定和协调

■ 生效日期：《世界知识产权组织公约》于 1970 年 4 月生效；自 1994 年 10 月 1 日起，调停和仲裁规则生效；1996 年 1 月 1 日，世界知识产权组织与世界贸易组织间的协议生效

■ 成员国：阿尔巴尼亚、阿尔及利亚、安道尔共和国、安哥拉、安提瓜和巴布达、阿根廷、亚美尼亚、澳大利亚、奥地利、阿塞拜疆、巴哈马群岛、巴林、孟加拉国、巴巴多斯、白俄罗斯、比利时、伯利兹、贝宁、不丹、玻利维亚、波斯尼亚和黑塞哥维那、博茨瓦纳、巴西、文莱、保加利亚、布基纳法索、布隆迪、柬埔寨、喀麦隆、加拿大、佛得角、中非共和国、乍得、智利、中国、哥伦比亚、刚果、哥斯达黎加、科特迪瓦、克罗地亚、古巴、塞浦路斯、捷克共和国、朝鲜、刚果民主共和国、丹麦、多米尼加、多米尼加共和国、厄瓜多尔、埃及、萨尔瓦多、赤道几内亚、厄立特里亚、爱沙尼亚、埃塞俄比亚、斐济、芬兰、法国、加蓬、冈比亚、格鲁吉亚、德国、加纳、希腊、格林纳达、危地马拉、几内亚、几内亚比绍、圭亚那、海地、梵蒂冈、洪都拉斯、匈牙利、冰岛、印度、印度尼西亚、伊拉克、爱尔兰、以色列、意大利、牙买加、日本、约旦、哈萨克斯坦、肯尼亚、科威特、吉尔吉斯斯坦、老挝、拉脱维亚、黎巴嫩、莱索托、利比里亚、利比亚、列支敦士登、立陶宛、卢森堡公国、马其顿（前南斯拉夫共和国）、马达加斯加、马拉维、马来西亚、马里、马耳他、毛里塔尼亚、毛里求斯、墨西哥、摩尔多瓦、摩纳哥、蒙古、摩洛哥、莫桑比克、纳米比亚、尼泊尔、荷兰、新西兰、尼加拉瓜、尼日尔、尼日利亚、挪威、阿曼、巴基斯坦、巴拿马、巴布亚新几内亚、巴拉圭、秘鲁、菲律宾、波兰、葡

萄牙、卡塔尔、韩国、罗马尼亚、俄罗斯联邦、卢旺达、圣基茨和尼维斯、圣卢西亚、圣文森特和格林纳丁斯、萨摩亚、圣马力诺、圣多美和普林西比、沙特阿拉伯、塞内加尔、塞舌尔、塞拉利昂、新加坡、斯洛伐克、斯洛文尼亚、索马里、南非、西班牙、斯里兰卡、苏丹、苏里南、斯威士兰、瑞典、瑞士、塔吉克斯坦、坦桑尼亚、泰国、多哥、特立尼达和多巴哥、突尼斯、土耳其、土库曼斯坦、乌干达、乌克兰、阿联酋、英国、美国、乌拉圭、乌兹别克斯坦、委内瑞拉、越南、也门、南斯拉夫、赞比亚、津巴布韦

■ 联系网址：www. wipo. org/members/convention

□ 目标和作用

世界知识产权组织是联合国内部机构，该机构站在国际层面以促进对各类知识产权的保护。《世界知识产权组织公约》于1970年开始生效，世界知识产权组织于1974年成为联合国的一个专门机构。全世界90％以上的国家都是世界知识产权组织的成员国。

自1974年以来，世界知识产权组织就成为20多个涉及知识财产的多边条约的监管机构，这些多边条约包括《巴黎公约》、《伯尔尼公约》、马德里联盟及《商标法条约》。1996年，世界知识产权组织与世界贸易组织签署了联合协议，以协助实施《与贸易有关的知识产权协议》。另外，该组织也为缔结新的知识产权保护国际条约创建了平台，为发展中国家和正在进行知识财产法律法规更新的国家提供了技术支持。

□ 对知识财产所有者的益处

尽管世界知识产权组织在国际政治层面上运行，有点脱离了一般贸易者，但它还是在世界范围内建立了易于交流的渠道，其出版物、新闻快报及网站都是世界各国获取知识财产实施情况的重要渠道。

■ 调解和仲裁。成员国的贸易者可以利用世界知识产权组织为解决有关知识产权的争端而设立的调解和仲裁条款。想利用世界知识产权组织实现调解或仲裁的贸易者，仅需通过呈递含此条约的书面合同将争议呈递给世界知识产权组织，或在争议产生并递交给世界知识产权组织进行调解或仲裁时表示同意这一做法。简易仲裁能节约时间和成本，是解决争议的可行方法。

■ 程序要求。知识产权纠纷中的任何一方都可以要求调解、仲裁或对争端进行简易仲裁。一方必须向世界知识产权组织仲裁中心递交一份名为"调解／仲裁请求"的表格启动上述程序。随后，以世界知识产权组织所提供的规则确定

整个过程，规则的副本可从该组织的中央办公室轻松获取。

调解和仲裁在形式和内容上有所不同。调解不如仲裁正式，在解决纠纷的过程中允许各方有更多的参与，调解想取得的成果是双方达成调解协议；而仲裁类似法庭审理，各方要提交请求和反请求，仲裁人考虑过各种文件和证据后对各方权利要求做出判决。

第12章　国家法律体系的
基础：概论

在创建或获得知识产权之前，你应该大致熟悉期望权利得到保护地区的国家法律及其法律体系，也应该洞悉国内外法律体系之间的异同。

你没有必要成为通晓这些法律的专家，那些事情留给律师去做就行了。但你仍然需要一些法律常识，以确保提出恰当的问题并得到令人满意的保护。幸运的是，在知识财产领域，许多差异显示出可跨境协调的趋势，因为最近大多数国家已经制定或修订了各自的法律法规，以便和《与贸易有关的知识产权协议》这样的国际协议相一致。

然而，有两个原因使理解国家的法律体系极其重要。首先，在考虑业务及营销规划时了解总体环境下的法律体系很有用处。如果知道哪些国家倾向于遵守习惯法①，那么就能预测知识财产的处境及市场接受程度，也能提前修改以保护知识产权并确保公众对其的普遍接受。其次，如果你了解到当地法律在不同法律体系中的演变发展，在面对特定国家的具体要求时就能更好地做出准备。举个例子，如果了解日耳曼民法的基本原则同时正在日本保护知识产权，你可对预期的东西做出一些假设，因为日本的知识财产法律从日耳曼民法中演变而来。

---

① 此处略去"versus socialist law"。——译者按

世界的法律体系

全世界有四种主要的法律体系：习惯法体系、民法体系、伊斯兰教（沙里亚）法体系和共产主义或社会主义法律体系。许多国家采用这些体系的混合体，并且受到过去境内存在过的各种文化的影响。例如，日本在制定现代法律的时候向德国学习，因此遵循民法体系。美国的大部分法律体系是从英格兰习得，因此遵循习惯法体系。马来西亚的法律是习惯法和伊斯兰教法的结合，同时马来西亚的基本准则也受到中国和伊斯兰文化的影响。埃及的民法体系结合了法国民法、伊斯兰教基本准则和一些习惯法规则，反映出英国和法国对其潜移默化的影响。在亚洲、非洲、南美及各列岛，许多国家的法律体系都以前殖民统治国的法律体系为基础建立——巴西实施了反映葡萄牙人历史的民法体系，而新加坡受到英国遗留的影响实施习惯法体系。

习惯法

在英国正式采用法规之前，英格兰的法庭就开始颁布并实施习惯法。到英国起草法规时，其法庭已经确立了牢固和巨大的习惯法主要部分。法规用来对法院的习惯法进行确认、整理（为其编码）、限制和补充。最终，习惯法的显著特征是依赖由先前案件判决建立的优先原则。换句话说，习惯法国家的法庭会按照以前司法裁决中发展出的原则来应用并解释法令，但这并不意味习惯法一成不变，即各个法院判决都相同。正好相反，习惯法在不断发展，因为法庭总能从旧的法律原则中延伸出新的原则以应用于新的实际情况，并且有时受到新环境的启发，法庭甚至会改变或限制先前立场。同时，必须在法规确定的界限内进行法院判决，因此随着立法法规的改变，法院判决也反映出这种修正。

采用习惯法体系的国家或地区，是那些过去某个时期受英联邦统治的国家或地区，包括英国、美国、澳大利亚、新加坡、中国香港特别行政区和印度。在这些国家或地区，知识财产无需注册就能确立，但如果没有依照法规注册知识财产，那么此时的证明标准会更加繁重，赔偿也较少。审判通常是由一个法官进行。为了确保公正审判，已经发展出了复杂的规则和程序，并且允许上诉。

□ 知识产权

知识产权的概念首先是在习惯法体系中发展起来。权利由法规授予并由法院裁决保护，这在国与国之间很不同，主要取决于一国法律受其他国家法律和文化体系影响的程度。采用新知识财产法律的趋势是扩大范围而非进行限制，其结果是越来越多的知识产权得到认可和保护。使用优先的判例法并对成文法做出解释以便覆盖处于边缘的知识产权，在这种过程中，法院扮演了关键角色。通过习惯法，即使立法者仍在制定（知识产权）法律，知识产权有时也能得到保护。

实行习惯法体系的国家通常能为知识产权的执行提供令人满意的途径。尽管由于立案过程中繁冗的工作，有些地方法庭的官僚主义会成为执行知识产权的障碍，但强制实施可以通过法庭判断进行。通过海关机构（国内的海关部门）或知识产权注册处，通常可获得其他可选择的赔偿方案。仲裁和调解被普遍使用，甚至刑事诉讼也被用于侵权者。

民法

大多数不实行习惯法的国家都实行民法体系。民法以对法律进行综合系统汇编为特征，称为法典，规范着人类活动的大多数方面。这些国家先发展出法典，随后才创建了法庭，因此司法决议依据法典提出的法律原则做出。

除刑事案件外，民法体系不使用陪审团审判，法庭一般由一组法官组成。与习惯法体系相比，民法体系在法庭审理之前几乎没有明确定义的证据规则，并且只允许最低限度的口头证言或口头辩论，大多数的证据和论证以书面形式提交到法院。

尽管在多次做出一致裁决后一些国家认可了先有案例裁决，但总的来说，（民法体系中的）法律决议还是依据汇编的法律做出裁决，很少参考先前的案例。其结果是，一些特定案件，与实行习惯法的法庭相比，在民法体系中的裁决几乎无法预测。

实行民法①体系的国家有德国、法国和日本。

---

① 原文为"common law"，但依据上下文应为"civil law"，故纠正为"民法"。——译者按

□ 知识产权

大多数实行民法体系的国家选择遵循法国体系或德国体系。法国民法在某种程度上反映了习惯法的哲学：对知识产权的认可构成创作者和大众之间的合同，知识产权是一种垄断形式应加以限制，受到侵权指控的人是社会自由权利不受约束贸易的保护者。作为对比，德国民法把知识产权看做国家作为国民的保护者在其权力范围内的授予物，认为侵权者剥夺了国家授予的这种权利，因此实施了反对国家的行为。由于这个原因，所授予权利也许无效的事实并不能作为对侵权的辩护。

在知识产权的背景下，民法审判和其他法律体系的主要差异在于过程。在民法体系国家中，一般会指定刚毕业获得法律学位不久的人为法官，随着他们以自己的工作方法在各级法院系统工作，他们会变得熟练。审判主要依赖递交到法院的书面材料，只有最低限度的庭审前资料收集过程和庭审证据规则。对于充当事实发现者角色的法官而言，向双方及其律师提问都是一种惯常做法。在一起诉讼中可能产生的问题，比如知识财产注册的有效性问题及侵权问题，必须在单独的诉讼中向不同的法官提出。一些国家已经为审理商业和知识财产案件成立了专家法院，这些法院无权判决更一般的问题。

伊斯兰教（沙里亚）法

在刑事案件、家庭事务和人身伤害问题上，穆斯林或伊斯兰国家实行最初来源于《古兰经》和《逊奈》的伊斯兰教法。信徒认为《古兰经》包含了安拉给先知穆罕默德的启示，而《逊奈》则记录了先知随后的教义和行为。这些圣书并不包含具体的准则，但阐明了伊斯兰教的基本原则和戒律。由于穆斯林相信先知死后安拉的直接启示中断了，并且安拉的神谕不可改变，所以他们不会修改这些法律。然而也有例外，现在大多数穆斯林国家已经不再严格遵守伊斯兰教法的传统形式，实施伊斯兰教法的范围也倾向于只针对家庭事务和房产继承法。即使这些法律也已汇编成法典，除非现存法令法典不能解决具体问题，一般极少再参考传统伊斯兰教法。

□ 知识产权

传统伊斯兰教法并不专门处理无形资产。有很长一段时间，知识产权并没有在伊斯兰国家获得认可。为适应现代社会和国际商业惯例的改变，大多数伊斯兰国家已经采用了基于欧洲法律模式特别是法国或拿破仑法典修改后的法典。商事法院或行政法庭的独立分支机构通常根据民法概念处理涉及知识产权的问题。案件决议依照法律进行，先例对随后的案件无约束。

共产主义和社会主义法律

中华人民共和国、古巴、朝鲜民主主义人民共和国、老挝和越南采用共产主义或社会主义法律体系，这一词汇来源于卡尔·马克思和弗里德里希·恩格斯编写的《共产党宣言》。《共产党宣言》是一种哲学指令，依据每个公民的权利存在于国家目标的假设，将个人权利归入全社会的利益。从《共产党宣言》中逐渐发展出的法典，以促使社会向社会主义继而向共产主义社会转变为目的，并认为到共产主义阶段，法律应该不存在了，因为新的社会无需规则和条例也会正常运转。实际上，当今大多数采用这种政府管理类型的国家是社会主义国家，还没有实现理想中的共产主义社会。

在社会主义社会，个人和实体很少诉诸法律系统。因为其中的法律、规则和惯例倾向于较强的意识形态内容，不适合用来解决商业利益关系。庭审程序公开且严重依赖口头证供和正式审讯。采用最小限度的证据规则，先有判例几乎无足轻重。法庭将考虑所有提交的证据，确定事实的相对价值及其重要性，然后依据一般法律原则和共产主义意识形态做出判决。

社会主义国家发展迅猛，其中大多数处于经济现代化进程中，并已察觉到需要调整各自的商业惯例以便和世界贸易接轨。在与这些国家的商人进行交易时，必须承认不可预知的政府官僚主义使得商业协议具有了内在不可靠性。有可能需要在人际关系中建立个人信任，并让商业伙伴了解知识产权的价值。你应该确保他们在与你的业务关系中理解了自己的权利范围，并协助你在当地拥有和保持知识产权。

□ 知识产权

在这些国家中，个人在知识财产中的权利已经得到缓慢发展，主要是因为来自国际贸易商和跨国公司的压力，其中跨国公司在特定的国家开展业务之前就要求对其知识财产进行保护。

商标权、专利权和著作权均可在所有这些社会主义国家的当地法律下注册。这些国家中的大多数至少属于一个保护知识产权国际条约或公约，因此当地的知识产权法至少与国际标准部分一致。知识产权通过采用主要基于民法模式的法律法规得到保护。然而，这些法律在知识产权认可上很保守，而且修订过程缓慢冗长。因此，你有可能无法获得最新技术和发明的知识产权注册，并且也不存在利用法庭规则来支持有关知识产权法的拓展。

事实上，社会主义国家通过政府政策来实施知识财产法，其中政府政策把社会权利作为一个整体置于个人权利之上。其结果导致涉及个人知识产权的法律运用和执行情况在某种程度上不可预知，并且可能取决于国家意识观念的突然转变。

在共产主义国家执行知识产权很困难。一个人首先必须搜集有关侵权的大量证据，这是个烦琐的过程，再加上其缺乏对个人财产权利的认可，也会使事情更为棘手。比起侵犯专利权或著作权，通常侵犯商标权更容易被察觉，但任意一种调查的花费成本都相当高。

依赖政府当局通常不是最务实的执行途径。行政补救方案具有高度官僚性，不仅要服从政府政策的转变，也会受制于明显的时滞。如果可以使用刑事救济，与此类行动（恶意的外商责备弱小的当地人）带来的负面公共影响相比，有时惩罚太重（对于严重侵权有时判死刑）。

执行知识产权的最优途径倾向于通过非正规的创新方式进行，这意味着作为这些国家的商人，你负有一定的责任提升当地认可知识财产的水平。这可以通过利用当地代表和当地宣传，使公众了解知识产权的重要性并教会公众学会辨认真货的方法来实现；也可以雇用当地代表，获得与当地政府机构的非正式合作，并以此迫使侵权者将其行动转变为合法行为。外交接触也可用来提升知识产权意识，使政府官员了解到尊重和认可知识产权的需求以及对令人满意的直接执行方式的需求。

知识产权合法性：
具体细节

所有的知识产权均源于国内。国际公约也许会对知识产权进行认可和保护，但它们最重要的目的之一是力求对各国的法律和惯例进行协调。虽然这已经略见成功，但差异仍在许多地区存在。在制定国际知识财产战略时，牢记这些差异很重要，尤其是当不遵从就意味着知识产权丧失的时候。

本章并不适合列出所有国家对所有知识产权的所有要求。下面列出这些国家的用意是向你提供各地法律具体要求的样例，当你确定知识财产战略时，可发现其相关性。记住，这里列出的只是很少一部分，在你最后完成知识财产战略前，其他相关问题也很重要，应一同考虑在内。

正如你将看到的，尽管各国对其法律和惯例进行协调是趋势，但细节上仍存在很多差异。很明显，保护知识产权并不像第一眼看上去那么简单，仅仅提交注册申请是远远不够的。为了获得特定地区法律要求的相关建议，还需经常向精通特定国家法律和条例的律师咨询。

各地专利权法

□ 阿根廷

■ 专利权注册：国家专利注册局，国家工业产权协会，经济事务部，公共

工程和公共服务部

■ 权利保护：实用（工业实用性）发明；药品发明

■ 创新要求：如果发明当前在行业内不为人所知，则是新颖的

■ 特殊的文件要求：阿根廷领事馆认为合法的委托书；详细说明、权利要求和摘要的西班牙语翻译；如果申请人不是发明者，转让协议要得到阿根廷领事馆的法律认可；如果要求优先权，要保证有基于优先权声明的申请或注册副本

■ 有效期：20 年

■ 使用要求：每年缴纳专利年费；自正式授予专利之日起三年之内或从提出申请之日起四年之内，如果所有者未能实施专利，则服从强制性许可

■ 相关权利：实用新型专利，有效期十年

☐ 澳大利亚

■ 专利权注册：专利局，澳大利亚知识产权局，工业、科技与资源部

■ 权利保护：对装备、物品、方法、生产工艺的实用（工业实用性）发明及其改进；对药品、食品、植物品种、微生物以及计算机相关发明；计划和规划

■ 创新要求：绝对的新颖，是指世界上任何其他地方都没有披露过相同发明的说明书，也没有在提出申请前在任何公开场合展示、售卖或公布过

■ 特殊的文件要求：签订委托书；用英语完成的具体说明（包括说明书及权利声明）和图示；如果要求优先权，要有基于优先权声明的申请或注册副本，并附上英文翻译

■ 有效期：专利权有效期为二十年

■ 使用要求：每年缴纳专利年费

■ 相关权利：外观设计模型和工业模型获得的专利，有效期是一年，并最多可以延续十六年；集成电路布局设计获得的知识产权，有效期是十年并最多可延长至二十年

☐ 巴西

■ 专利权注册：国家工业产权协会，工业、商务和旅游事务部

■ 权利保护：对装备、物品、方法、加工工艺的实用（工业实用性）发明及其改进；对药品、食品、植物品种、微生物的发明

■ 创新要求：绝对的新颖，是指公众无法通过任何渠道在任何地方获得相

同发明的说明书，也不能在提出申请前在任何地方展示、售卖或公布过。

■ 特殊的文件要求：签订委托书；带有葡萄牙译文的总结、详细说明（包括说明书和权利要求）、摘要和图示；如果申请人不是发明者，要得到经确认的转让协议；如果要求优先权，要有基于优先权声明的申请或注册副本，并附上宣誓过的葡萄牙语翻译

■ 有效期：专利从提出申请之日起可以存续二十年，从正式授予专利之日起不少于十年；对于植物种类，依据类型的不同，有效期从十五年至十八年不等

■ 使用要求：从提出申请之日的第三年起每年缴纳专利年费；如果所有者未能实施专利，则需服从强制性许可

■ 相关权利：实用新型专利，从提出申请之日起可以存续十五年，但从正式授予专利之日起不少于七年；工业设计和工业模型专利，从提出申请之日起可以存续十年，同时每五年可连续延期三次

☐ 加拿大

■ 专利权注册：加拿大知识产权局（CIPO），工业部

■ 权利保护：对机器、物质构成、生产、加工工艺的实用（工业实用性）发明及其改进；对药品、食品、植物品种、微生物的发明

■ 创新要求：新发明，即同样的发明先前没有被申请者公开过并因此导致提交之前公众可获取利用该发明的时间超过一年，并且该发明先前对公众而言是不可得的或者没有他人先行申请过

■ 特殊的文件要求：签订委托书；以英文表达的摘要、具体说明（包括说明书和权利要求）和图示；如果要求优先权，要有基于优先权声明的申请或注册副本，并附上英文译文

■ 有效期：从提交申请之日起对专利权的保护有效期限是二十年

■ 使用要求：每年缴纳专利年费；如果所有者未依照加拿大法律实行专利，则要服从强制性许可；对医学或药品专利权不实行强制性许可

■ 相关权利：工业外观设计专利，有效期是十年；集成电路图形专利，自递交申请之日起有十年有效期，或者在提交申请日期和首次进行商业开发的日期之间选择较早的那个作为起始生效期

☐ 中国

■ 专利权注册：专利局，国家知识产权局（SIPO），国家工商管理局（SAIC）

■ 权利保护：对产品、生产工艺的实用（工业实用性）发明及其改进；对药品、农产品、化学制品、微生物的发明

■ 创新要求：新发明，即同样的发明没有在世界任何地方以任意方式公开过、使用过或为公众所知，也不受任何先有专利申请的影响；例外情况是，在未得到申请者同意的专利披露或申请者未将其在由中国政府赞助或认可的国际展览会上、指定的学术会议上公开披露的情况下，六个月以内申请者仍可以递交申请

■ 特殊的文件要求：签订委托书；具体说明（包括说明书和权利要求）、摘要和图示；先有技术报告；如果申请人不是发明者，要有转让协议；如果要求优先权，要有基于优先权声明的申请或注册副本

■ 有效期：专利权的有效期限是二十年

■ 使用要求：从正式授予专利权那年开始缴纳专利年费；如果所有者在合理的时间段内（由国家知识产权局决定）不能实行专利，则服从强制性许可

■ 相关权利：外观设计模型和实用模型获得的专利，有效期是十年

☐ 埃及

■ 专利权注册：埃及专利和商标局，商务注册管理处，供应和国内贸易部

■ 权利保护：对产品和工艺的实用（工业实用性）发明及其改进；对药品、食品加工、植物品种的发明

■ 创新要求：绝对新颖，也就是在提交专利或优先权申请之前，没有在埃及或世界其他地方通过出版或使用而广为人知

■ 特殊的文件要求：埃及领事馆认为合法的委托书；专利的具体说明（包括说明书和权利要求）、图示和摘要，一式两份并附阿拉伯语译文；如果申请人不是发明者，要得到埃及领事馆法律认可的转让协议；如果申请人是公司，要有埃及领事馆认为合法的持有证明；如果要求优先权，要有优先权文件的证明，并附阿拉伯语译文

■ 有效期：专利的初始有效期为十五年，若有延期的法律证明可进行一次五年的延期；药品专利权，初始有效期为十年，可进行一次十年的延期

■ 使用要求：每年缴纳专利年费；如果所有者从正式授予专利起三年之内未能实行专利或连续两年停止实行，第三方可实行强制性许可

■ 相关权利：对外观设计模型和工业模型专利进行为期五年的保护，另加两个五年的延期

□ 德国

■ 专利权注册：德国专利和商标局

■ 权利保护：对机器、物质的构成、制造、加工工艺的实用（工业实用性）发明及其改进；对药品和食品的发明

■ 创新要求：新发明，即同样的发明先前没有在世界任何地方、以任何先有技术形式公开过；如果发明者公开介绍或使用此发明，从公开之日的六个月内必须提出申请专利

■ 特殊的文件要求：签订委托书；附德语翻译一式三份的具体说明（包括说明书和权利要求）、图示和摘要；如果申请人不是发明者，要获得转让协议；如果要求优先权，要有基于优先权声明的申请或注册副本

■ 有效期：专利权的有效期限是二十年

■ 使用要求：每年缴纳专利年费；如果所有者依照德国法律未能实行专利，则服从强制性许可

■ 相关权利：外观设计专利，初始有效期为五年，另加三个五年的延期（最长有效期为二十年）；工业模型专利，初始有效期为三年，外加每次两年的延期，最多可延续到十年

□ 中国香港特别行政区

■ 专利权注册：香港特区专利处，知识财产部，贸易和工业部

■ 权利保护：产品标准、生产工艺、实用（工业实用性）发明及其改进，植物品种的创造；向中国、英国或欧洲专利组织提出申请并由其授予的指定专利权；产品的短期实用发明，或商业生命较短的加工工艺创新

■ 创新要求：绝对新颖，也就是在提交申请专利或申请优先权之前，在世界任何地方，这项发明对公众是不可获得的，也没有以先有技术的形式透露给公众；例外情况是发明者从首次公开之日起六个月内可以在中国内地申请专利

■ 特殊的文件要求：签订委托书；如果是指定的专利，需要来自指定国家专利记录的副本和公开申请书的副本；具体说明（包括说明书和权利要求）、图示和摘要，附带有中英文翻译；标题，附中英文翻译；如果是短期专利，要从指定机构获取检索报告；如果要求优先权，要有基于优先权声明的申请或注册副本

■ 有效期：标准或指定专利，有效期最长可达二十年；短期专利有效期最长可达八年

■ 使用要求：从提交专利申请之日后第三年年末开始缴纳专利年费；如果所有者未能实行专利，则服从强制性许可

■ 相关权利：用于工业工艺的外观设计专利和集成电路设计专利，初始有效期为五年，另加每次五年的延期，最长有效期为二十五年

□ 日本

■ 专利权注册：日本专利局（JPO）

■ 权利保护：机器、物质的构成、制造、生产工艺的实用（工业实用性）创新及其改进；药品和食品发明；微生物、植物品种的发明

■ 创新要求：新发明，即没有在世界任何地方通过任何媒体（包括网络）成为公众认识或被公开使用的发明；例外情况是，发明者在公开后六个月之内仍可以递交申请

■ 特殊的文件要求：签订委托书；具体说明（包括说明书和权利要求）和图示，并附有日文翻译；如果要求优先权，要有基于优先权声明的申请或注册副本

■ 有效期：专利权的有效期限是二十年

■ 使用要求：每年缴纳专利年费；如果所有者不能依照日本法律实行专利，则服从强制性许可

■ 相关权利：实用新型专利的有效期为六年；工业设计专利的有效期为十五年

□ 墨西哥

■ 专利权注册：墨西哥工业产权协会（IMPI）

■ 权利保护：机器、物质的构成、制造、生产工艺的实用（工业实用性）发明及其改进；食品、药品的制作工艺创新

■ 创新要求：绝对的新颖，在任意时间、任意地点都没有通过可了解新发明的方式公开过构成工业先有技术专利的前期材料

■ 特殊的文件要求：签订委托书；带有西班牙语翻译的具体说明（包括说明书和权利要求）、图示和摘要；如果申请人不是发明人，则需转让协议；如果要求优先权，要有基于优先权声明的申请或注册副本

■ 有效期：专利权的有效期限是二十年

■ 使用要求：每年缴纳专利年费

■ 相关权利：外观设计模型专利和工业模型专利的有效期为十五年

□ 英国

■ 专利权注册：专利局，产业和贸易部

■ 权利保护：产品和生产工艺的实用（工业实用性）发明及其改进；食品和药品生产的发明

■ 创新要求：绝对的新颖，是指在递交申请之前，没有以任何方式在世界任何地方公开过相同的发明

■ 特殊的文件要求：一式两份英文写成的具体说明（包括说明书和权利要求）、摘要和图示；如果申请人不是发明者，则需英文的转让协议；如果要求优先权，要有基于优先权声明的英文申请或注册副本

■ 有效期：专利权的有效期限是二十年；药品专利另有一次为期五年的延期

■ 使用要求：每年缴纳专利年费；如果所有者在获得专利后连续三年未能实施，则服从强制性许可

■ 相关权利：外观设计模型专利，自首次进入市场起十年内有效，并且从创作之日起最长有效期为十五年；工业模型专利的有效期为五年，另有两个为期五年的延期

□ 美国

■ 专利权注册：美国专利和商标局（USPTO），美国商务部

■ 权利保护：机器、物质的构成、制造、生产工艺的实用（工业实用性）发明及其改进；食品、药品、植物品种和商业方法的发明

■ 创新要求：新发明，即在美国不为人所知或未经他人使用过，在申请人发明之前没有被世界任何地方授予过专利或在印刷出版物上进行过说明；提交申请之前在美国公开使用或出售的时间不超过一年

■ 特殊的文件要求：由申请人或申请人的代表签署的所有权公告；英语的具体说明（包括说明书和权利要求）、摘要和图示；如果申请人不是发明者，则需转让协议；如果要求优先权，要有基于优先权声明的申请或注册副本

■ 有效期：专利权的有效期限为二十年

■ 使用要求：正式授予专利之后，分三次定期征收专利维护费用

■ 相关权利：外观设计专利的有效期为十四年

各地著作权法

☐ 阿根廷

■ 著作权注册：国家版权注册处，国家工业产权协会，经济事务部，公共事业服务部

■ 权利保护：文学、艺术、戏剧及音乐作品，包括计算机程序、表演、广播和录音；为政府的艺术发展基金获取收益的公共领域的作品

■ 特殊的文件要求：公认的委托书；三份作品拷贝，如果是可视性艺术或电影，另加说明书或梗概介绍

■ 有效期：个体创作者的著作权专利有效期为终身另加七十年；电影作品版权为从首映起五十年；法人机构的未署名作品版权从公布之日起有效期为五十年；作者死后才首次发行的作品版权，从死亡之日起有效期为五十年；摄影作品版权有效期为从出版之日起二十年

☐ 澳大利亚

■ 著作权注册：版权局，知识财产处，司法部

■ 权利保护：文学、艺术、戏剧及音乐作品，包括软件计算机程序、表演、广播和录音

■ 特殊的文件要求：无

■ 有效期：个体创作者的著作权有效期为终身另加从死亡之年的年末起算的七十年；作者死后才首次发行的作品版权，对于在 1955 年以后发行的作品，从首次发行的年末起计七十年有效（1955 年以前的作品为五十年有效）；电影和录音制品，从发行之日起七十年有效；广播，从制作那年起五十年有效

☐ 巴西

■ 著作权注册：国家工业产权协会，工业部，商务部，旅游部

■ 权利保护：文学、艺术、戏剧及音乐作品，包括计算机程序、表演、广播和录音

■ 特殊的文件要求：有关所有权的公示文件，并附葡萄牙语译文

■ 有效期：个体创作者的著作权有效期为终身另加作者死后下一年 1 月 1

日起计的七十年；视听作品和摄影作品，从出版之日起七十年有效期；计算机程序，从公布之日下一年的1月1日起五十年有效

□ 加拿大

- 著作权注册：版权局，加拿大知识财产局，工业部
- 权利保护：文学、艺术、戏剧及音乐作品，包括计算机程序、表演、录音和通信信号
- 特殊的文件要求：无
- 有效期：个体创作者的著作权有效期为终身另加从作者死亡之年的年末起计的五十年

□ 中国内地

- 著作权注册：版权局，国家工商管理局
- 权利保护：文学、艺术、戏剧、音乐作品，包括计算机程序
- 特殊的文件要求：签署委托书
- 有效期：个体创作者的著作权有效期为终身另加五十年；计算机程序的版权有效期为二十五年再加一个为期二十五年的延期

□ 埃及

- 著作权注册：商务注册管理处，供给和国内贸易部
- 权利保护：文学、艺术、戏剧、音乐作品，包括计算机程序
- 特殊的文件要求：埃及领事馆认为合法的委托书；该作品在其他任意国家的注册证书；作品的原稿和两份副本
- 有效期：创作者的终身寿命另加五十年

□ 德国

- 著作权注册：德国专利和商标局
- 权利保护：文学、艺术、戏剧、音乐作品，包括计算机程序
- 特殊的文件要求：签署委托书
- 有效期：个体创作者的著作权有效期为终身另加七十年；电影作品、摄影作品、演出和广播作品的版权从首次发行起五十年有效；作者死后六十年到

七十年之间作品才首次出版的，版权有效期从出版之日起十年有效

□ 中国香港特别行政区

■ 著作权注册：专利和商标局，知识财产部
■ 权利保护：文学、艺术、音乐、戏剧作品，包括演出、电影、广播和计算机程序
■ 特殊的文件要求：未注册
■ 有效期：个体创作者的著作权有效期为终身另加五十年；演出版权有效期从演出那年年末五十年内有效

□ 日本

■ 著作权注册：日本专利局
■ 权利保护：文学、艺术、戏剧、音乐作品，包括演出、电影、广播和计算机程序
■ 特殊的文件要求：无
■ 有效期：个体创作者的著作权有效期为终身另加五十年

□ 墨西哥

■ 著作权注册：墨西哥工业产权协会
■ 权利保护：文学、艺术、戏剧、音乐作品，包括演出、广播、电影和计算机程序
■ 特殊的文件要求：公认的委托书
■ 有效期：个体创作者的著作权，对于 2003 年以后的作品，有效期为终身另加一百年

□ 英国

■ 著作权注册：无；版权自动生成
■ 权利保护：文学、艺术、戏剧、音乐作品，包括演出、录音制品、广播、电影和计算机程序
■ 特殊的文件要求：无
■ 有效期：个体创作者的著作权有效期为终身另加七十年；电影作品的版

权自最后去世的主要演员死亡之日起七十年；录音和广播作品的版权有效期为五十年

□ 美国

■ 著作权注册：美国版权局，国会图书馆

■ 权利保护：文学、艺术、戏剧、音乐作品，包括演出、录音制品、计算机程序、广播、电影

■ 特殊的文件要求：对于外国作品，需要一份作品副本；对于美国作品，则需要两份副本

■ 有效期：个体创作者的著作权有效期为终身另加七十年；由公司员工创作未署名作品，用笔名署名的作品版权，从出版之日起九十五年内有效或从创作完成起一百二十年内有效

各地商标法

□ 阿根廷

■ 商标注册：国家商标注册局，国家知识财产协会，经济事务部，公共事务服务部

■ 权利保护：货物和服务的商标权；如果第三方证明注册申请人了解或应当已经了解商标属于他人，或只为出售商标而申请注册，那么所注册的驰名商标就可能失去法律效力

■ 分类：国际的；单类申请

■ 特殊的文件要求：公认的委托书；如果要求优先权，需要基于优先权声明的申请或注册副本

■ 有效期：初始有效期为十年，另加每次十年的无限制延期

■ 使用要求：感兴趣的第三方可以递交商标取消申请，条件是在递交取消申请前商标所有人已持续五年不使用该商标

□ 澳大利亚

■ 商标注册：商标局，澳大利亚知识财产处，工业、科技与资源部

■ 权利保护：货物和服务的商标权；与先行注册相比，先行使用能起到维

护商标权的作用；如果商标的影响已经扩展到澳大利亚市场，其海外使用也能保护商标

- 分类：国际的；多类申请
- 特殊的文件要求：签署委托书
- 有效期：起始有效期为十年，再加每次十年的无限制延期
- 使用要求：感兴趣的第三方可以递交商标取消申请，条件是在递交取消申请前商标所有人在注册后已持续三年不使用该商标

☐ 巴西

- 商标注册：国家工业财产协会，工业部，商务部，旅游部
- 权利保护：货物和服务的商标权；保护未注册的国际驰名商标以及已扩张到所有类别商品的商标
- 分类：国际的；多类申请
- 特殊的文件要求：签署委托书；申请人状况和公司业务范围的书面证明
- 有效期：初始有效期为十年，另加每次十年的无限制延期
- 使用要求：感兴趣的第三方可以递交商标取消申请，条件是在递交取消申请前商标所有人在注册后已持续五年不使用该商标

☐ 加拿大

- 商标注册：商标局，加拿大知识财产局，工业部
- 权利保护：货物和服务的商标权；保护已经在加拿大广为人知的驰名品牌
- 分类：实际上无分类
- 特殊的文件要求：签署委托书；如果要求优先权，需要基于优先权声明的申请或注册副本
- 有效期：初始有效期为十五年，另加每次十五年的无限制延期
- 使用要求：需要使用情况的书面证明；没有使用的商标要从注册表中删除

☐ 中国内地

- 商标注册：商标局，国家工商管理局
- 权利保护：货物和服务的商标权；由国家工商管理局正式授权的驰名商

标称号

■ 分类：国际的；单类申请

■ 特殊的文件要求：签署委托书；如果要求优先权，需要基于优先权声明的申请或注册副本

■ 有效期：初始有效期为十年，另加每次十年的无限制延期

■ 使用要求：不使用的商标注册会被撤销

□ 埃及

■ 商标注册：商务注册管理处，供应和国内贸易部

■ 权利保护：货物和服务的商标权

■ 分类：国际的；单类申请

■ 特殊的文件要求：埃及领事馆认为合法的委托书；如果申请者是法人实体，需要经核实的公司证明副本和商务注册管理处的记录摘要，或可显示状况、所有制及商业法人的商业注册摘要；如果要求优先权，需要基于优先权声明的申请或注册副本

■ 有效期：初始有效期为十年，另加每次十年的无限制延期

■ 使用要求：感兴趣的第三方可以递交商标取消申请，条件是在递交取消申请前商标所有人在注册后已持续五年不使用该商标

□ 德国

■ 商标注册：德国专利和商标局

■ 权利保护：货物和服务的商标权

■ 分类：国际的；多类申请

■ 特殊的文件要求：签署委托书；如果要求优先权，需要基于优先权声明的申请或注册副本

■ 有效期：初始有效期为十年，另加每次十年的无限制延期

■ 使用要求：感兴趣的第三方可以递交商标取消申请，条件是在递交取消申请前商标所有人在注册后已持续五年不使用该商标

□ 中国香港特别行政区

■ 商标注册：商标专利局，知识财产部，贸易和工业部

■ 权利保护：货物和服务的商标权；要保护已经在中国香港广为人知的驰

名商标

■ 分类：国际的；单类申请

■ 特殊的文件要求：如果要求优先权，需要基于优先权声明的申请或注册副本

■ 有效期：初始有效期为七年，另加每次十四年的无限制延期

■ 使用要求：感兴趣的第三方可以递交商标取消申请，条件是在递交取消申请前商标所有人在注册后已持续五年不使用该商标

□ 日本

■ 商标注册：日本专利局

■ 权利保护：货物和服务的商标权；保护已经在日本广为人知的驰名商标

■ 分类：国际的；单类申请

■ 特殊的文件要求：签署委托书；如果要求优先权，需要基于优先权声明的申请或注册副本

■ 有效期：初始有效期为十年，另加每次十年的延期

■ 使用要求：感兴趣的第三方可以递交商标取消申请，条件是在递交取消申请前商标所有人在注册后已持续三年不使用该商标

□ 墨西哥

■ 商标注册：墨西哥工业产权协会

■ 权利保护：货物和服务的商标权

■ 分类：国际的；单类申请

■ 特殊的文件要求：经核证的已签委托书；如果要求优先权，需要基于优先权声明的申请或注册副本

■ 有效期：初始有效期为十年，另加每次十年的延期

■ 使用要求：感兴趣的第三方可以递交商标取消申请，条件是在递交取消申请前商标所有人在注册后已持续五年不使用该商标

□ 英国

■ 商标注册：专利局，产业和贸易部

■ 权利保护：货物和服务的商标权

■ 分类：国际的；多类申请

■ 特殊的文件要求：如果要求优先权，需要基于优先权声明的申请或注册副本

■ 有效期：初始有效期为十年，另加每次十年的延期

■ 使用要求：感兴趣的第三方可以递交商标取消申请，条件是在递交取消申请前商标所有人在注册后已持续五年不使用该商标

□ 美国

■ 商标注册：美国专利和商标局，美国商务部

■ 权利保护：货物和服务的商标权

■ 分类：国际的；多类申请

■ 特殊的文件要求：如果依据使用情况，按美国联邦贸易规定需出示样本商标；如果依据外国的注册情况，经核证需要附有英文译文的注册申请副本；如果要求优先权，需要基于优先权声明的申请或注册副本

■ 有效期：初始有效期为十年，另加每次十年的延期

■ 使用要求：在初始注册颁布之前要发布使用公告；第五年和第六年间需要发布使用公告；需要附带延期申请的使用证明

第 14 章

获取知识产权：委托书

如果你寻求一国对知识产权的保护，而你不是那个国家的公民，那么当地法律通常会要求你在当地法律顾问的协助下递交申请，以注册这些权利。如果你在本国寻求保护知识产权，你无需律师或代理人的协助也能直接递交申请注册。

然而，你需要理解的术语具有很强的技术性。举个例子，在美国商标法中，"在商业中使用"、"图示"和"样本"都有特定的含义。在其他国家，你必须提供"复制品"而不是"样本"，同时对"使用"的定义也不尽相同。如果你正在寻求著作权保护，通常必须使用"最佳版次"或"最佳版本"。专利权注册的要求相当复杂，大多数国家要求必须由精通专利权领域惯例的人来提交申请，而不管你是本国公民还是外国人。

因此，你可选择委托一位法律专业人员（律师或资深代理人）来提交你的注册申请。下面的委托书可满足你的需要，但它应该成为你向律师或代理人传递信息的基础，大多数国家在注册商标权、著作权或专利权时都要求提供这些信息。你需要选择与所注册类型（即著作权、专利权或商标权）有关的附加内容。

委托书

[你的姓名和地址]

［电话、传真和电子邮箱］

［日期］

［法律顾问或代理人的姓名和地址］

尊敬的［先生/女士］：

我希望在［国家］知识财产法允许的范围内获得对［作品/发明/商标］的全面保护，随附一张数据表以对其详细内容进行阐述。因此，请尽快使用数据表中提供的事实提交注册申请。

在没有相反委托的情况下，请申请所有必要的延期并采取一切必要措施来避免由于执行失败申请被废弃或驳回。如果为获得注册需支付任何政府机构要求的正常费用，无须特别请示即可支付，并且在发票中把这些费用计入账户的借方。

要求你随工作进展将工作执行中的发票寄给我，以便我支付费用，你的发票应按照上述地址做出标记以引起我注意。非常感激你的协助。

收到这份委托书，请即刻给我发出附有申请说明和表格的传真来认可上述内容。

谢谢！

谨致问候！

［你的姓名］

［如果你寻求著作权保护，请用单独一页为每项作品附上完整数据表：］

作品类型：

□ 书面作品/无表演

□ 整个的杂志、报纸或其他连载

□ 即将演出的作品/多媒体作品

□ 同一作者期刊稿件的合订本

□ 画报、图表或雕塑作品

篇名：

现在：

先前的/可选择的：

□ 以合订本、期刊或连载的形式出版

合订本/期刊/连载的篇名：

期刊/连载的卷号：

期刊号：

发行日期：

文章所在页码：

□ 由期刊或连载构成的作品

卷号：

期刊号：

发行日期：

出版周期：

作者姓名：

出生日期：

死亡日期：

国籍：

居住州/国：

匿名：

☐ 是　　☐ 否

笔名：

☐ 是　　☐ 否

雇用作品：

☐ 是（作者信息应该是关于雇主的）　　☐ 否

作者与要求著作权的人为同一人：

☐ 是　　☐ 否

作品性质：

☐ 整部作品　　　　　　　　　　☐ 书

☐ 全部文章和插图　　　　　　　☐ 期刊/连载

☐ 整个文章的合著者　　　　　　☐ 小说

☐ 非戏剧文学作品　　　　　　　☐ 诗歌

☐ 杂志文章　　　　　　　　　　☐ 视觉资料（描述）

☐ 汇集（描述所增添的材料）

☐ 派生作品（描述先前存在和增添的材料）

☐ 其他＿＿＿＿＿＿＿＿＿＿＿＿＿＿＿＿＿＿＿＿＿＿＿＿＿

完成作品的年份：

出版：　　国家：＿＿＿＿＿＿＿＿＿＿＿＿＿＿＿＿＿＿＿＿＿

　　　　　日期（月/日/年）：＿＿＿＿＿＿＿＿＿＿＿＿＿＿＿

先前注册：　　重新注册的理由：＿＿＿＿＿＿＿＿＿＿＿＿＿＿

　　　　　　　先前注册的编号和年份：＿＿＿＿＿＿＿＿＿＿＿

［如果寻求专利权保护，另附加单独一页：］

确切的发明名称（注册建议用名）：＿＿＿＿＿＿＿＿＿＿＿＿＿

第一次发明构思：　　月和年：＿＿＿＿＿＿＿＿＿＿＿＿＿＿＿

有效文件：_____

什么赋予你灵感？_____

用简洁的单句说明发明及其用途（不要重述名称）："这项发明有关_____"

把下列一项或更多项加进来：

☐ 图示（对发明的尺寸、零件及可选件等的精确注释）

☐ 原型

☐ 照片

☐ 视频

把下面各项加入附页：

a. 对每个零件及其与整体关系进行的技术说明，包括材料、结构、可选特性、尺寸、形状、附件、发明内部布置及相关图示

b. 描述可针对每个消费者的特定目的做出升级、改变、强化或修改的零部件

c. 与其他发明相比，描述此项发明作为整体具有的优势和益处

d. 与其他发明相比，描述其零部件的优势和益处

e. 描述发明的操作和使用，包括对环境、健康、回收利用或其他公共福利关注领域的潜在应用

优先权：

根据你知道的情况，在世界任意地方是否曾经通过任何日报、论文、报纸、期刊、书籍、其他专利或任意其他书面材料介绍过你的发明？☐是☐否

根据你知道的情况，是否存在与你的发明类似或相关的其他发明？☐ 是☐ 否

如果是，就要在附页上加以说明：

a. 可获得发明

b. 可获得发明的使用

c. 这项可获得发明的不足和问题

d. 为解决此问题，他人提出的解决方案

e. 解决方案令人不满意的原因

对于你发明中由第三方创造并注册过的部分，你有书面使用同意书吗？☐ 是　☐ 否

与此项发明有关的文章、期刊和其他材料：_____

确定潜在竞争者：_____

公共披露：

你曾有过良好的商业调查？☐ 是　☐ 否

你向其他任何一方展示过你的发明吗？☐ 是　☐ 否

个人及产业信息：

与发明相关的产业/行业：_____

高科技产业（技术高速发展）：□ 是　□ 否

在与此产业相关的科学/工程领域内，经常发表研发结果吗？□ 是　□ 否

涉足此产业的年数：_____

你现在的头衔：_____

过去五年中你在公司中的主要责任：_____

对产业/行业中销售情况的掌握程度（等级 1～等级 10）：_____

指出你参加的产业会议：_____

指出你用于紧跟产业/行业发展趋势使用的资源：_____

说明你作为产业内当前的技术权威具备的资格证书：_____

发明是在受雇范围内完成的吗？或者，发明被包含在一个转让协议中吗？如果是，指出雇主或转让对象。□ 是　□ 否

[如果要保护商标权，要附上单独一页：]

申请人姓名：_____

地址：_____

□ 个人　□ 实体类型：_____

机构所在州/国家：_____

商务类别（例如，批发商和制造商）：_____

商标名称：_____

商标描述：_____

商标衍生物：_____

类别：_____

具体货物/服务：_____

注册国家：_____

首次使用的国家和日期：_____

在注册国的首次使用日期：_____

在注册国的商业应用方法：_____

清晰的商标复制品：_____

第15章 获取知识产权：合作协议

当双方或多方就发明、著作、剧本、乐谱或其他形式的知识财产进行合作时，他们首先应该签订合同来确保各自的权利。合作协议会对他们各自的知识产权进行规定，不仅包括创作者本身，也涉及意图购买、寻求授权许可甚至侵犯这些知识产权的第三方。若未达成合作协议，那么为合作付出了时间和劳动的各方就会因各自的权利发生争执，此时各方的权利就要由成文法或法庭裁决来确定，其结果会令各方都不满意。合作方可对下面的合同形式进行修改，以反映其自身处境下的特定协议和情况。如果各方不喜欢正式合同，也可转成书信格式。

合作协议

[姓名和地址]（第一位合作者）和[姓名和地址]（第二位合作者）（连同第一位合作者一起，称为合作者）之间的合作协议于[日期]开始生效。合作者已决定共同[对合作内容进行描述，例如研发一个发明或写一本书籍、乐谱]，并且现在接受了下列合作条款和条件。

1. 合作协议 合作者同意按照协议规定，在联合创立知识财产的过程中进行协调和合作。这份协议没有在合作者之间建立合伙人或其他正式合作关系，

国际知识产权（第三版）

只是构成了联合创作和知识财产发表的合作基础。

2. 知识财产 合作者将联合创作的知识财产由［专利/书籍/乐谱/其他创作］组成，暂时冠名为［题目］且简介如下［概述］。合作者已共同制定了知识财产的实施战略［计划/提纲/详述/其他］，作为附件一附加到此协议中。所有的这些构思和材料都构成协议中所提及的知识财产。

3. 创作中的劳动分工 在联合创作知识财产中，合作者应该履行以下职责：

a. 第一位合作者应该负责［说明或列举：例如，为知识财产第一阶段研发原型或标准，或编写此协议下知识产权章节，计划中的第一节、第五节、第十七节~第三十五节，或编写和校订整个知识财产，或写作整个知识财产。］

b. 第二位合作者应该负责［说明或列举：例如，为知识财产第二阶段研发原型或标准，或写作知识财产的剩余部分，或为知识财产提供研究和构思，或编辑知识财产，或提供相关照片。］

4. 知识财产的所有权 知识财产的全部权利为合作者共同所有，并且他们各自的权利可传给各自的继承人、代表和受让人。一方为开发、研究或创作知识财产搜集的材料和信息，只要双方书面同意，则由合作双方共同拥有和处置。不能毫无根据地发放同意书。

5. 公布知识财产 未经另一方许可，任何一方都无权公布知识财产，并且任何合作者都不能无理由地扣留同意书。对知识财产的授权许可、公布或其他使用的共同协议，应该采用书面形式，并且必须在生效前经合作者双方正式批准并予以签字。

6. 授权许可、转让或其他转移形式 合作者意愿通过授权许可、转让或其他转移形式将知识财产提供给第三方。交易必须在下列条件下进行，除非合作者另有书面约定：［介绍］

7. 影响知识财产的决定 合作者联合做出一切决定，包括商务、编辑及财务决议。没有双方的同意和签字，知识财产的任何变化或者使用或处置知识财产的协议都无效。不能毫无根据地发放同意书。

8. 开发、创作和公布成本 所有共同产生的成本，或由任一合作者在研究、开发、制作和公布知识财产时产生的成本，由合作方以相等份额共同负担，条件是这些成本合理，同时任何大于［数目］的成本在支付前都提前得到了双方批准。

9. 利润分配 对知识财产的授权许可、出售、发行或其他使用中获得的净利润，应该在合作者之间按相同的份额分配。

10. 衍生作品或相关作品 除非另一位合作者书面同意，否则两个合作者随后都不能在可能受到其他知识产权保护的任意作品中使用、吸收或运用属于本知识产权一部分的信息或材料。知识财产创作后完成的[一段时间]内，两个合作者都不能着手准备或参与开发和创作任何与本知识产权相关或构成直接竞争的作品，因为那样会造成本知识财产的价值缩小、销量减少。

11. 侵权　如果合作者的知识产权受到第三方侵犯，为阻止侵权，合作者可以联合或独自向他们提起法律诉讼。如果提起联合诉讼，合作者应平均分担诉讼费用和所得损害赔偿金。如果只有一位合作者想采取措施来阻止侵权，那么无需经过另一方同意。单独采取行动的合作者可以合作双方的名义提起法律诉讼，但成本费用由其单方面承担，他需要补偿诉讼中另一位合作者的损失，但不需要将诉讼中得到的任何数量的补偿分给另一位合作者，因为这项补偿只属于采取行动的那一方。

12. 转让　只有得到另一位合作者书面同意之后，一方才可将持有的知识产权转让给第三方。不能毫无根据地发放同意书。开发和创作知识财产属于个人工作，不能由合作者中的一方对另一方的知识财产进行转让。一旦转让，合作协议终止。

13. 合作者死亡或残疾　如果在协议有效期间一位合作者死亡或成为残疾人，另一方有权完成或雇用别人来完成知识财产，进而有独家权利发行、授权许可、出售或转让知识财产。残疾或已故的合作者都有权获得知识财产收入的份额，其中份额由合作者所做的贡献扣减开发、创作或公布知识财产的所有成本费用后的部分来确定。

14. 协议终止　如果由于任何原因需要终止协议，合作者要均摊直到协议终止所发生的一切成本和所有的净利润，同时也要共同履行第 10 段所提出的责任。如果合作者之间出现了他们无法解决的争端，可以向[机构名称]寻求调解或仲裁，且此机构的决议对双方都有约束力。在这种情况下，每个合作者会承担各自的律师费用，但他们要均摊调解或仲裁的成本费用。

15. 律师费用　为执行协议，在必要法律诉讼中胜出的一方有权获得合理的律师费用和诉讼成本。

16. 完整协议　本协议构成了合作人之间的完整协议。每个合作者认可已收到的协议副本，并且认可除本协议中注明的条款，再无其他条款可以管理他们的关系。

17. 准据法　此协议应该受到[州/国家]法律的约束。

第一合作人　　　　　　　　　第二合作人

[签名]　　　　　　　　　　　[签名]

[打印姓名和称呼]　　　　　　[打印姓名和称呼]

[日期]　　　　　　　　　　　[日期]

第16章

获取知识产权：
雇用创作协议

雇用创作协议改变了雇主和自由创作者之间的关系，允许雇主而非创作者获取作品中的知识产权。只有创作者在独立的基础上为雇主创作时才需要此协议。在一般情况下，除非双方另行达成书面协议，否则创作者就是法律所认可的知识产权所有者。如果创作者是雇员，在雇用范围内创作的作品无需双方的协议即可认为是雇用创作，尽管双方也可以通过明确的书面协议来改变所有权。有关术语"雇用创作"的论述，参见第1章。

雇用创作协议

□ 使用形式

由于一般情况下双方可能从未谋面，只是通过邮件这种不太正式的方式来确定协议，因此下面采用的是书信形式。此类合同通常用于受著作权保护的创作，并且也会额外关注用于说明性目的的手稿创作，稍加修改后也适用于受著作权保护的其他类型作品，甚至其他类型的创作，包括专利权和商标。

□ 雇用创作协议

［公司名称和地址］

［电话、传真和邮箱］

［日期］

［创作者的姓名和地址］

尊敬的［先生/女士］：

再次感谢您同意按照下列条款准备手稿。我们再次澄清并强调，您是作为独立合同人来准备手稿，手稿属于雇用创作，这就意味着您将所有著作权让渡给本公司。

因此，对于您按照以下条款和条件准备的手稿而言，此信件构成本公司与您的完整协议。

1. 标题、形式和页数　您同意准备［手稿题目］，约［数目］字，出版物大约［数目］页。

2. 报酬　为履行本协议，本公司同意在收到手稿的［数字］［日/周］内支付您［数目］，并且无论如何也不会迟于向公司递交手稿日期之后的［数字］［日/周］。

3. 写作进度　您同意于［日期］或之前向公司递交最终手稿。

4. 手稿的制作　按照公司提供给您的书面说明，您将准备并提交适用于公司软件程序的电子版手稿。现在您承认已收到上述说明。

5. 公司针对手稿采取的行动　公司有权以自己认为合适的任意方式编辑手稿，包括无限制改写、添加、删除、压缩和重组。公司有权要求对手稿进行合理审查，要求您的作品满足在签订合同时向您提出的递交要求。为此，对公司提出的要求，您同意对手稿进行改变、添加或删除。现在您承认已收到公司的交稿要求。

6. 由公司终止协议　在合理的自由裁量权内，如果公司认为你在合同期内递交的稿件质量不过关或不能达到递交要求，公司有权拒绝接受所有这样的手稿。在拒绝手稿的同时公司可以终止协议；如果公司退回手稿并要求您对上述手稿进行修改，但您未能修改到公司可接受的程度，公司也会终止协议。如果协议终止，公司应退还未出版的材料。在此情况下，双方应该免除源于此协议的任何权利要求。

7. 著作权　您理解并同意此手稿是"雇用创作"，公司拥有手稿的所有权利、名称及收益，包括著作权。此外，如果法庭发现此手稿未形成雇用创作，那么您现在就将此手稿及其续本的所有权利、名称和收益转让给了公司或其继承者或其受让人，包括世界范围内的著作权和所有的独家版权，这项条款已获法律授权。作为您的受让人和承让人，如果需要，公司有权确保版权注册和版权延期。未经公司事先的书面同意，您不可以翻印手稿中的任何部分，也不能允许他人翻印。如果在公开出版手稿之前协议终止，公司会将著作权返回给您。

8. 避免侵权　公司的原则是，所出版的全部作品必须是作者独立智慧的结晶。如果要拷贝或使用其他作者的出版物，即使这种拷贝或使用不会引起诉讼，也必须通过独立的作品和适当的原始资料来实现。除了由您和您的外包编著者创作的原始材料外，手稿不应该包含任何受美国著作权法或有类似目的的其他法律保护的材料，由上述法律界定的"合理使用"范围内的情况除外；如果不是这样的话，除非您已经从出版商和受保护材料的所有者那里获得了对于翻印的书面同意，并向拥有该手稿的公司提供了这份同意书。因为上述出版商和所有者拥有著作权，您必须区分手稿中的所有材料，并为手稿是否满足"合理使用"特例单独负责。但是，即使有上述条款，公司仍可以依据自己的判断拒绝出版任何不构成"合理使用"的材料。

9. 机密性　您同意，凡涉及手稿出版计划和进度、市场销售计划和预测的所有信息都由公司以机密形式提供，并且未经公司授权不得披露这些信息；除了在此协议下为履行协议义务必须透露给共同撰稿人的部分。

10. 撰稿人地位　在制定并履行协议的过程中，双方应该一直作为独立的立约人行动；任何时候一方都不能以另一方的名义做出承诺并花钱。您理解并同意，您不是公司雇员，无权享有公司为员工提供的任何公积金计划、失业保险、额外津贴、工伤补偿保险、股票或类似利益。您有责任按照协议熟练地展现作品，并且对自身行动的后果和/或疏忽负责。另外，按照协议，如果有的话，您应该负责支付所有本协议中您的服务所产生的或造成的所得税、代扣所得税和其他税项、罚金和/或其他类似捐赠。

11. 撰稿人的利益冲突　您保证已经向本公司透露了您与其他出版商或个人进行的或同意进行的实质相似的所有商业写作方案。同时，这并不妨碍您参与其他出版商和个人的写作计划，您可就类似服务自由签订合同。

12. 编辑助理和撰稿人　作为独立的立约人，您可以随意自费雇用所需的助理和撰稿人。绝不能认为这些助理和投稿人已受雇用于本公司，公司另有明文规定的情况除外。

13. 材料、工具和设备　为了按照协议来完成作品创作，您应该自费筹备需要的全部材料、工具和设备，但合同中明文规定提供的除外。您接受或使用公司向您提供、借出或租赁任意材料，会被理解为您全权负责这些材料的损失和毁坏成本以及其中的维护费用。

14. 权利转让　没有事先通知并得到您的同意，公司也可以转让本协议下的任何权利；但没有您的明确同意，公司不能摆脱协议所规定的任何义务。此协议是你个人的，事先未经本公司同意，授予您的权利不可转让，强加给您的义务也不能找人代办。除上述条款外，此协议对您的继承人、遗嘱执行者、负责人和受让人的利益，以及本公司的下属公司、继任者和受让人的利益均适用。

15. 手稿保留　在交付手稿之后六十天内，或者直到公司授权销毁为止，您必须至少保存一份递交给公司的终稿副本，依照前列的标准执行。

16. 适用法律　按照［州/省、国家］法律对此协议进行解释和管理。

17. 有效日期　自本协议上首次写明的日期起，此协议生效。

如果对此协议满意并同意，请在下面标注处签名，合同随之生效。请签两份原件，自留一份并返还一份给我们。期待与您合作！

谨致问候！

［公司名称］

［手写签名］

［打印的名字］

［头衔］

我理解并同意此合同的条款。

［手写签名］

［打印的名字］

保护知识产权：
不披露协议

保护知识产权：不披露协议

在注册之前，专利和商标中的知识产权属于商业机密。可以认为披露知识财产是一种公布，这种行为甚至可以置知识财产于公众领域，在这种情况下很可能失去知识产权。通常说来，尽管把创作固化为有形形式时著作权随之得以附着，但如果所有者在未得到著作权认定并受其约束的情况下就出版了作品，著作权就流失到公众领域。基于这些原因，知识财产的所有者应该采取预防措施，以避免知识产权整个流失到公众领域。下列协议包括了三种不同情况下的披露：第三方获取资金、授权许可或出售权利的协议（创作者和合作方的不披露协议），出版商以保护知识产权为目的的协议（作者和出版商的不披露协议）以及与即将离职的员工签署的协议（雇主和员工的不披露协议）。

创作者和合作方的不披露协议

□ 表格使用

当知识财产所有者个人会见私人当事人、风险资本家或类似的人物时，这

167

种表格最有用。为使公司能够更好地接受协议，此协议要求双方互相负有保密责任。然而，许多经营良好的公司会拒绝签署任何不披露协议，因为如果这个公司已经在开发相同或类似的创作，签署不披露协议后你就可以控告它盗用了你的想法。

事实上，公司可能会要求你签订弃权书来放弃你就侵权提起诉讼的权利。不签订弃权书，就不会有双方的会面。

为售出作品，你必须向公司提交知识财产的最终版本，并相信公司是诚实的。为换取公司承认你展现的具体作品实属原创，你也需尝试放弃侵权索赔的权利。无论如何，你都应该确保在披露前已经给予知识产权保护，如通过申请注册的方式。

□ 不披露协议

［<u>一方姓名和地址</u>］（所有者）和［<u>一方姓名和地址</u>］（合作方）于［<u>日期</u>］签订此协议。

各方声明此协议的目的如下：

A. 各方正在探索商机，任何一方所提供的或所讨论的信息都是严格保密的。

B. 各方希望交换机密信息，这种信息是一方必须向另一方披露，以便双方就协议中规定的知识财产在合作方业务中是否有用做出评估。

C. 就交换获取的保密信息，任意一方将会保护另一方的权利免于公开披露和任何他人的未授权使用，此处既包括合作方也包括所有者。

因此，鉴于双方的相互承诺和协议中包含的契约，各方愿意受到以下条款和条件的合法约束：

1. 知识产权 双方各自拥有敏感信息和材料，它们具有价值并且通常不被公众和竞争者所知。各方都承认对方在这些信息和材料上的权利构成有价值的私人所有知识财产。这些信息和材料应该被称为知识财产，具体包括以下几项：

a. 与当前已投入商业贸易或提议投入商业贸易的产品和服务相关的信息和材料，包括无限制的图示、说明书和规格、说明、备忘录、信件、曲线图、关键技术、外观设计、流程图、有关产品研发的计划和安排、计算机程序以及电子数据。

b. 为营销、销售、许可以及监管当前或未来业务建立体系和计划的相关信息及材料，包括营销计划、会计计划和计算机程序、客户清单、产业数据、销售数据以及尚未出版的宣传材料。

c. 在（a）和（b）中描述的信息和材料，已经过一方搜集、汇编和整理并被当做机密，而不用考虑该当事方获取这些材料的方式是创作还是其他方式。

2. 特例　如果双方各自知识财产的任意部分属于如下情况，那么就不会产生强加给他们的保密责任：（A）在披露前就已了解；（B）通过另一方的无过失泄露或诉讼已成为公众领域一部分；（C）已通过第三方合法获得

3. 限制披露目的　各方披露知识财产，只是为了合作方审查和评估所有人的知识财产在其商业中是否可用和可获利。合作方在第六段提到的时间段内对所有者的知识财产进行审查和考核。除此之外，按照协议，合作方无权进一步审查或使用所有者的知识财产。所有者对合作人的任意知识财产也将受限于相同的目的和相同的时期。

4. 保密契约　考虑到对知识财产的相互披露，各方应采取合理预防性措施，以避免把知识财产整个透露给其他人或公众。各方应把知识财产置于他人无法进入的安全处所，不能复制也不能允许他人复制知识财产，无论如何也不能对知识财产进行任何商业、个人或业务使用。只有当员工由于工作需要必须了解知识财产并且书面同意受此协议条款的约束时，各方可向其披露。

5. 所有权担保　各方都应保证，属于各自的知识财产权利归相应各方所有，每一方都有权利披露其知识财产，本协议当事人中的任何一方都清楚没有其他人与此知识财产有冲突。各方不对其他事宜做出担保。

6. 归还知识财产　三十天内，各方应归还所有对方的知识财产，可以直接交送，也可使用保证邮件、挂号信或其他由对方要求的安全运输形式交送。各方同意并承担销毁所有记录、其他文件以及制作或复制的与对方知识财产内容有关的计算机数据和程序。这项协议不涉及各方在对方披露知识财产之前通过单独收购或开发拥有的信息或材料。

7. 保留所有权利　各方无意转让彼此存在于各自知识财产中的任何权利。各方理解并同意保留各自知识财产所有权中的所有权利，不会将知识财产中的任何权利授予或交给对方。

8. 无关联　各方承认有关知识财产的计划是暂时性的，他们的讨论不代表任何针对开发或使用知识财产的最终决议或协定。各方无意加入任何机构、合伙人关系、风险投资或其他类似协议，因此不应将本协议认定为由各方创建的此类协议。

9. 协议期间　此协议应对各方形成约束，直到他们已经获取对各自知识财产的其他保护、已经公开披露其各自知识财产或按照本协议已经给予对方书面免责书。

10. 补救和律师费　各方承认并理解违反协议会对其中一方或双方造成不可挽回的伤害，并且金钱无法完全补偿这种伤害。在违约和有可能违约的情况下，未违反协议的一方将有权要求：（A）禁令，以阻止对方违约或进一步违

约；（B）有效的法律补救；（C）数额为［美元数］的违约赔偿金。在与本协议相关的法律诉讼中胜出的一方，有权要求补偿期间产生的成本、花费及合理的律师费。

11. 修改协议　只有以书面形式并由双方签字，对此协议的修改、添加或删减才会生效。

12. 协议适用法律　双方缔结的这个协议受［州或国家］的法律管辖，并且双方同意此协议按照上述法律进行解释。

所有人：［公司名称］

由［授权代表签字］

［打印的名字和头衔］

［日期］

合作方：［公司名称］

由［授权代表签字］

［打印的名字和头衔］

［日期］

作者和出版商的不披露协议

□ 表格使用

当作者为其作品的出版与出版商签订合同时，采用第二种表格。此合同假定至少已经为该作品增添了临时保护措施。因此，作者应该已经通过有形媒介向出版商展现了作品，这种做法在大多数国家会催生著作权保护。未决专利的发明者或未决商标申请的申请人，也可采用此种相同形式的合同。

作者、发明人或商标设计人在谈判中的力量不够强大，几乎无法协商出对其有利的合同，但本协议起到了向出版商明确作者权利的作用。许多出版商会拒绝签署这份协议，甚至会拒绝审核作者的作品。因此，在出版商表示对作品感兴趣之前，大多数作者不会向未来的出版商展示整部作品。如果要求出版商在本协议上签名，你就要告知他作品是保密的并受著作权保护。一旦出版商随后侵犯了作者的权利，作者将获得出版商恶意侵权的证明。

为使这份协议不那么正式，采用了书信形式。协议也可以带些幽默，因为如果你想让手稿在出版商所收到的数百份手稿中脱颖而出，协议就必须抓住出版商的眼球。因此，可以按照自己的风格对这封信进行许多修改，只留下核心的有关披露的完整内容即可。

□ 不披露协议

［作者的姓名和地址］

［电话、传真和电子邮箱］

［日期］

［出版商的姓名和地址］

亲爱的先生或女士：

随函附上保密的手稿。在此作品上我花费了大量的精力，希望得到您的雅正。但请手下留情，因为我还在生产后的恢复阶段。为了让您进一步了解，我也附上了我一生的简短总结。

您已经收到我无与伦比的宏伟新作，并且您知道我只向您提供作品以供审查，所以如果您在这封信的底端签字认可这种状况的话，我将不胜感激。我知道这要求有点普通也有点妄想，几乎不可能得到您这样德高望重出版商的应允，但在我不断增加的收藏中能拥有您的亲笔签名真是太重要了。

此刻，我就是这部闪光作品的作者。我只想为您在看台上宣誓并依法做出承诺，这部作品全部是我的，不是其他任何人的。然而，为了合适的价格，我愿意与您分享甚至让渡自己的权利。当然，我有一定的基本要求。桌上有食物永远是目标，锦上添花就更好了。我随时恭候通过电子方式与您讨论您的利益和我的方式。

请赠与我您最好最友善的回应！

不胜感激！

［亲笔签名］

［打印的姓名］

亲爱的［作者的姓名］：

我已经收到了标题为［作品题目］的作品，同时我理解这是属于你的机密信息。我向你保证，我会保护它免于公开披露和未授权使用。如果审查之后不能出版此作品，我同意物归原主。

［亲笔签名］

［打印的姓名］

［日期］

雇主和员工的不披露协议

当公司雇用员工时，将要求员工签订保护公司商业机密的协议，通常称为保密协议，旨在强调不披露机密信息的重要性，并且记录员工声称自己了解对雇主义务这一事实。在员工离开公司时，明智之举是进行一次离职面谈，面谈中可提醒员工有责任继续保守商业机密并向公司归还所有机密材料。如果受保密协议约束的前雇员披露了商业机密，雇主有权阻止第三方在商业中使用被披露的信息。

□ 保密协议

[雇主抬头]
保密协议

1. 对公司的责任 公司已经明确通知我，在任职期间我将了解属于公司的业务信息及商业机密。我理解并同意对这些信息完全保密，并且不会故意将其透露给未获公司授权的任何一方。我进一步理解并同意为防止信息的意外泄露，我会采取公司认为足够有效的预防性措施。

2. 产权识别 我已经回顾了作为商业机密信息列入 A 表中的所有项目以及公司的其他知识财产。我确定我理解这些材料对公司具有重大价值，正如此协议所声明的，应该将其中的每一项当成最高机密来对待。另外，我确定自己理解 A 表并不完整，因此我承认，公司可继续添加商业机密信息和其他知识财产，同时添加内容也在协议范围内。

3. 员工承诺 我确信我已经阅读过、理解并与公司签署了雇用协议，并且公司向我提供了此雇用协议的执行副本。通过签订这个附加的保密协议，我保证会按照雇用协议遵守或继续遵守保密义务。我在保密协议上的亲笔签名可以再次证实我已从公司收到了协议副本。

注释：这个保密协议假定，雇主已经很明智地把保密条款加入到雇用期间有效的雇用协议中。如果没有包括，应将此条款补充到雇用合同中，以避免引用。

4. 权利所有者 在受雇期间，我愿意为公司知识财产的开发贡献力量。正如雇用协议所规定，我再次承认，此知识财产中的所有权利、标题和利益不管是否由我构思、开发或使用，均属于公司。

注释：如果雇用协议不含此条款，则引用此协议的条款应予以删除。
[如果员工即将离职还要包括：]

5. 员工保证 我保证自己的物品中不含属于公司任何知识财产及类似材料的副本，并且我已将所有类似资料归还公司。虽然清单上没有列出全部的物品，但这些资料包括以下所列：办公室、计算机及电子系统文档；办公手册、计算机说明书、生产手册、销售说明及其他说明书；办公室以及有关办公程序、员工和其他机密问题的备忘录；培训说明、培训手册及培训项目；计算机软件、编译器、数据结构、运算法则及计算机源代码；公司的规则和方法论；笔记本、笔记、杂志、日志、图示、提议、其他文件或材料及这些材料的摘要。

我承认已经阅读并理解了此协议的条款，所以我于［日期］在下方签字。

［手写签名］

［员工打印的名字］

第 18 章　保护知识产权：禁止通知函

一有侵权的迹象，你就可选择"禁止通知函"来努力制止这种涉嫌非法的活动。这种程序很常见且具有成本效益，通常会对个人和小企业产生作用，尤其当他们无意"借走"你的知识财产时。只需要直接给侵权者发出一封下面这种函件，同时要求他停止一切侵权行为并承认你的知识产权。

虽然在对抗侵权时发出这封信是花费不多的第一步，但有时你并不想用它。举个例子，你有证据表明侵权者拥有足量的资产和产量，已在其他国家对你的知识财产进行了先行注册，你进一步调查发现，此侵权者的市场份额已急剧增长，拥有隐蔽的工厂和难以发现的供应商，并已作为货物源头向你公司的所在国公然展示。在这种情况下，你可认定侵权者了解你的知识产权及其价值，以你的名声进行贸易。然后，你进一步推测到，仅凭一封禁止通知函不太可能对已获巨大利润的侵权者产生影响，却会打草惊蛇，使其更容易隐藏证据，而这些证据却是法律案件获得成功所必需的。此例中涉及的对策应与法律顾问探讨。

禁止通知函

☐ 表格使用

关于你公司的情况，你写了下面这封信。然而，如果在发出禁止通知函之前咨询法律顾问，那你就十分明智。没有恰当的基础就发出禁止通知函，对方会因无根据的威胁和对名誉的损害为由起诉你。此外，来自法律顾问的禁止通知函可能会因背后的"法律"更有分量。

□ 禁止通知函

［公司名称和地址］

［电话、传真和电子邮箱］

［日期］

［侵权者的姓名和地址］

亲爱的先生或女士：

我们最近发现，未经本公司［公司名称］同意，您在［描述侵权行为，例如生产、销售、倒卖，或促销、转让，或制作产品］，包括［描述具体的产品或服务］，那是［描述被侵犯的知识财产，例如使用我们公司的商标，或对我们公司外观设计的抄袭，或通过我们公司受专利保护的工艺流程生产的东西］。

本公司［公司名称］，位于［公司地址］，是［描述所拥有的知识财产］的所有者，该知识财产受到［本国］及世界范围内超过［数目］国家的保护。我们公司在全世界行使保护、使用并宣传这种知识产权的权利。在［行业/全体大众］中，我们进行了大张旗鼓的广告和促销活动。因此，本公司的名称广为人知且信誉良好，本公司的产品和服务是独特的，同行和大众买家已在心中将这种独特与本公司联系在一起，而不是与其他任何人或公司相联系。

您对于我们知识财产的使用侵犯了我们在册知识产权的专有权，而且很可能使公众混淆并导致不公平竞争。我们确信，您并不想造成这种混淆，也不想就产品和服务的来源传达错误或误导性的信息，更不想以我们的声誉进行贸易。

因此，我们要求您：

1. 立即禁止所有对本公司知识财产的使用。

2. 对所有提到的现在归你所有或将来归你所有的造成侵权的材料、信息、产品或其他物件予以销毁。

3. 禁止使用所有与本公司知识财产类似易产生混淆的知识财产。

4. 采取一切必要措施，立即把与我们公司知识财产相同或类似的在册知识财产转移到我公司。

5. 采取一切必要措施，避免对本公司知识财产造成进一步侵犯。

6. 为确信不存在侵权产品，应允许［公司名称］的代表无需提前通知即可在合理的营业时间检视您的经营场所。

7. 执行下面的信函并在［日期］前回寄给我们，作为您认同上述内容的书面保证。注意，侵权者会面对重大的民事责任，包括因故意违反或侵犯本公司知识财产而支付损害赔偿金和律师费。如果对在此提到的您的责任有任何疑问，建议您向法律顾问咨询。这封信中没有任何内容可被认为是对本公司权利的放弃，相反，所有这些权利均被明确保留。

如果我们在［日期］或之前未收到您的回信，那么我们就要采取一切必要的法律措施来阻止您对我们知识财产的侵权行为。

您真挚的朋友，

［公司名称］

［手写签名］

［打印的姓名和头衔］

附上：注册证

我，_____（姓名），系位于_____（地址、城市、州、国家）的_____（公司名称）的_____（头衔），特此同意并保证禁止以上信中所述一切与［公司名称］知识财产有关的活动。此外，我同意并保证销毁所有现在或将来造成侵权的材料、信息、产品或其他计划。我也同意并批准，［公司名称］的代表为确定不存在侵权产品无需提前通知即可在合理营业时间对我经营场所进行检查。我了解对知识财产的侵权是严重违法行为，我可负责向［公司名称］支付损害赔偿金；同时，在此禁止通知函中［公司名称］对此没有放弃任何权利。

自_____（日期）起实施

由：_____（公司名称）

_____（手写签名）

_____（印刷体姓名）

_____（印刷体头衔）

第19章 保护知识产权：调解备忘录

针对涉嫌侵权的行为，无论是已提起诉讼，还是仅以诉讼作为威胁，当事人都应尝试友善解决纠纷。一旦提出诉讼，双方都将支付大量律师费、法庭受理费、调查费以及其他诉讼费用。法律诉讼也将伤害当事人在消费者和业内贸易者中的名誉，使当事人的销量下降、产量受损以及遭受商业中的其他损失。调解谈判虽然很耗时，但通常可达成不伤害公共形象的私下调解协议。

下面的备忘录不是正式调解书，它只是双方就调解基本条款达成一致的第一份书面协议。通过准备一份备忘录，双方能够集中关注调解中最重要、最核心的条款。一旦达成基本的调解，就确定了双方关系，在等待律师准备并最终完成像合同那样具有细致微妙处的完整备忘录时，双方还可以继续经营各自的业务。

调解备忘录

自［日期］起，［姓名和地址］（甲方）与［姓名和地址］（乙方）签订的调解备忘录生效。

双方共同承认以下情况：

a. 甲方拥有备忘录中提到的知识产权，并且正设法保护这些权利。

b. 乙方已使用/注册与甲方类似的知识财产，但通过签订这份备忘录或进入与甲方的调解程序，乙方否认对此处提及的财产进行过非法使用或侵权。

因此，双方一致就以下条件或条款达成协议：

1. 知识财产 甲方拥有下列知识财产中的所有权利：[列出详情，包括名称或标题、注册号和其他标识信息]

2. 无权利 乙方对甲方所有知识财产的任何方面都无权利，对相同或类似的其他知识产权也无权利。

3. 披露或转让知识财产 乙方向甲方公开其全部与甲方知识财产类似或相同的未决申请和已注册知识财产。这些知识财产和申请注册在备忘录的附表 A 中列出，自备忘录生效之日起十四（14）天内，乙方必须到注册处办理放弃或取消上述申请或注册的手续，或者按照甲方的书面要求把其转让给甲方。乙方必须向甲方提供可以证明已经放弃、取消或转让这些申请和注册的文件。

4. 披露和转让商业注册用名 乙方必须向甲方公开所有乙方使用过并与甲方类似或相同的已注册和未通过注册的商业用名。这些注册名称由备忘录中的附表 B 列出。自备忘录生效之日起十四（14）天内，乙方必须选出与甲方知识财产无关或无近似性的新商业用名。在同样的期限内，乙方必须到注册处办理放弃或取消上述注册的手续，并按备忘录要求着手对此类名称停止使用和停止申请。乙方必须向甲方提供可证明取消或放弃此类申请和使用的文件。

5. 禁用类似或相同知识财产 自备忘录生效之日起四十五（45）天内，对与甲方类似或相同的知识财产，乙方必须全面停止对其的生产、制造、利用、规划、展示、销售、宣传、广告或其他使用形式。

6. 销毁类似或相同知识财产 自备忘录生效之日起四十五（45）天内，乙方必须毁掉所有与甲方类似或相同的知识财产。根据[对知识财产类型的说明，例如乙方使用的过程和方法，或所有由乙方创作、出售或进行其他使用的文学作品，或所有的种类不受限的建筑固定装置和乙方占有或可取用物品上出现的所有东西，包括贸易清单上种类不受限制的所有东西、广告、宣传资料、标牌、广告牌、信纸、商务名片、标签、发票、收据、包装、袋子、容器、书桌和铅笔盒、记事本、日历及其他附件、绘画板、印章或类似物件]，乙方都必须无条件执行此条款。

7. 无异议和不干涉 自备忘录生效之日起，乙方无权以任何方式对甲方拥有但与乙方关联的知识财产提出任何异议或主张。此外，乙方无权反对或干涉甲方未决知识财产注册申请，也无权申请取消此注册。

8. 正式协议 双方愿以此备忘录作为正式调解协议的基础，此备忘录包含了协议中最重要的条款。没有双方明确的书面同意，任何添加到正式调解协议中的附加条款不能以任何方式修改备忘录中的条款。

9. 机密性 双方同意不公开备忘录和正式调解协议中的任何合同条款，并且对其进行保密。

10. 成本 每一方必须各自承担与调解相关的成本、手续费和其他费用。

11. 对偿物 鉴于备忘录中乙方做出的承诺，甲方同意撤销本该提起的全部法律诉讼，并且同意放弃本该向乙方提出的全部权利要求。然而，此协议与弃权书不会对甲方将来的权利要求产生任何影响，也不会在乙方违反备忘录或正式调解协议的情况下影响甲方的权利。

12. 合作 为使此协议达到预期效果，各方同意不遗余力地履行全部契约、文书、转让书或其他必要的、亟待执行的文件。

在双方的理解和同意下，现在各方在备忘录的下方签字并注明日期。

甲方：［公司名称］

由［授权代表签名］

［签名人的姓名和头衔］

［日期］

乙方：［公司名称］

由［授权代表签名］

［签名人的姓名和头衔］

［日期］

第 **20** 章

转让知识产权：
转让合同

将知识财产全部权利进行转让的当事人要签订转让协议，有时这种转让称为"全权转让"。一旦转让协议生效，当事人就不再拥有该知识财产的任何权利。这种形式只不过是针对知识产权的简易转让形式。如果知识产权作为商业销售的一部分进行转让，当事人通常会签署一个冗长复杂的将知识财产转让包含在内的协议。不管怎样，为了在大多数国家的法律范围内获得认可并得到实施，知识产权必须以书面形式转让。另外，大多数国家要求注册知识产权的转让需在注册处备案。用来对知识产权进行备案的表格，参见第 22 章。

▌ 转让合同

在［日期］，本转让协议由［姓名和地址］（"转让人"）和［姓名和地址］（"受让人"）共同订立。

各当事人同意以下内容：

A. 转让人拥有属于下面可称为"知识财产"［列出识别信息，比如知识财产的名称、标题或注册号］的所有权利、名称和收益。

B. 本着善意和有价对偿的理念，转让人同意依据转让条款将知识财产出售给受让人。

转让协议如下：

1. 转让　鉴于受让人现在支付共计［数目］美元给转让人（转让人认可的收据），转让人必须将其在世界范围内持有的存在于知识财产中的全部权利、名称和收益转让给受让人，使受让人在法定知识产权保护期以及延期内拥有与转让人完全相同的权利。转让的权利、名称和收益必须不受限制地包括以下全部内容：

a. 从知识财产中已经得到或即将得到的所有收益、特权和优势。

b. 转让人有关知识财产的所有财产、权利、头衔、收益、权利要求和需要。

c. 针对此知识财产起诉第三方侵权以及按照习惯法要求获得赔偿的所有权利。

d. 对转让前或转让后出现的任何侵权、仿冒、不公平竞争或其他类似行为要求追偿损失的所有权利。

2. 担保　转让人做出如下担保：

a. 转让人是知识财产及其全部权利的拥有者，并且有权将知识财产转让给受让人。

b. 知识财产具有原创性，未以任何方式对第三方权利构成侵权。

c. 转让人有权签署此转让协议，将知识财产无障碍转让给受让人。

d. 所有被转让的知识产权都符合标准、有效且真实存在。

e. 受让人可行使拥有和享有全部知识产权、其名称和收益，转让人及其合法代理人不能对此进行任何干预或提出任何权利要求。

3. 转让人的进一步工作　由受让人提出要求并且支付费用的情况下，转让人将执行、完善或行动以确保所有权、头衔和收益转让给受让人，确保执行所有的附加文件和文书以贯彻此转让协议，以及确保在发生侵权或仿冒时满足受让人着手执行并依法提起合法的、必要的、恰当的起诉和诉讼所需要的条件。

4. 证明　转让人和受让人签订契约，若转让人未履行协议中的承诺或由于第三方的权利要求经证实构成侵权并由此造成任何违约或转让人不作为，转让人确认受让人免于受到由此招致的任何诉讼和权利要求，以及免于承担由此被判定或要求支付的费用和损害赔偿。

5. 转让　受让人有权将转让中所得的利益让渡给第三方。

6. 完整交易　各当事人确认此交易并非更大交易或一系列交易的一部分，整个交易的对偿价值总额超过［数目］美元。

因此，当事人在协议书的下方签字。

转让人：［公司名称］

由［签名］

〔打印的姓名〕

〔头衔〕

受让人：〔公司名称〕

由〔签名〕

〔打印的姓名〕

〔头衔〕

第21章

转让知识产权1：许可协议

通过许可协议，知识产权所有者可以向另一方转让部分而非全部知识产权。举个例子，所有者允许他人在付费情况下使用知识产权的同时，仍可保留对知识财产的所有权。许可会涉及知识产权所有者的一项或多项权利。例如，许可限制你作为消费者使用知识财产，翻译知识财产，或者仅在相关产品和服务中使用知识财产。许可既可以是独家许可，也可以是非专有许可。如果是独家许可，就是把知识产权在特定经营范围授予一个人，比如在一个特定的行业、区域、国家或城市中。如果是非专有许可，知识产权所有者可将相同的权利在同一时间自由地授予多人。

许可协议

在［日期］，本协议由［姓名和地址］（"所有者"）和［姓名和地址］（"用户"）共同订立。

各方当事人同意以下内容：

A. 所有者是知识财产的所有人，知识财产包含以下内容：［列出识别信息，比如获得许可的所有知识财产的名称、标题或注册号］

B. 在［简要说明总的预期用途］方面，用户渴望使用此知识财产。

当事人达成如下协议：

1. 所有者同意授权，用户也同意依照所有者的说明和指示使用知识财产，并且遵守所有者对用户提出的要求，从而使这种使用符合所有者建立的标准。

2. 本协议适用于知识财产的如下使用情况：［描述每种具体使用］。

3. 本协议适用于［全世界或指定地理区域］。

4. 当事人［确实/并不］打算让用户享有对知识财产的独家使用权。所有者［明确保留/不保留］建立或维持因同意其他方使用知识财产而存在的协议权利。

5. 所有者拥有以下权利：

a. 在任意营业时间对用户或其授权代表使用知识财产的经营场址或其他场所进行检视。

b. 拒绝对知识财产进行不符合质量标准的使用。

c. 为了检测与分析，所有者可不时要求用户为其提供与知识财产相关的材料、信息、样本、检测结果或其他类似使用或生产的物品。

6. 用户认可并承认所有者拥有知识财产所有权，并且履行以下条款：

a. 不做损害知识财产有效性或可能使其处于争议当中的任何事情，也不会提出与所有者知识产权相违背的任何权利要求。

b. 时刻按照管理此类用途的法律使用知识财产。

c. 未经所有者事先同意，用户不能为了制止侵权而提起任何诉讼，也不能为要求取消和其他知识财产的冲突及侵权注册而采取任何措施。

7. 本协议将持续有效，直到发生下列情况时终止：

a. 一方要提前向另一方发出书面通知，并且另一方必须在标明的终止日期前至少［数字］个月收到此通知。

b. 所有者提前发出用户违反协议的书面通知，若用户在标明的终止日期前至少［数字］个月收到此通知，或发出违约通知后［数字］个月内，用户未能矫正违约行为或采取经所有者认可的措施进行补救。

c. 如果一方与其债务人达成清偿协议，将就其部分或全部资产指定一个诉讼财产管理人，此时需要制定清偿顺序或通过一个解决方案来清算其业务，或没收大部分资产。

8. 协议终止时当事人的权利如下：

a. 用户必须立即终止知识财产的全部使用。

b. 除非拥有所有者书面批准，用户必须取消所有在材料、财产清单、广告和目录清单、计算机、说明书和其他用户拥有的物件上出现的知识财产图片。

c. 所有者可依据注册的知识财产取消用户作为在册用户的资格，并且用户同意执行所有必要文件使取消生效。

d. 协议终止后，用户将继续受到本协议条款 5 的约束。

因此，当事人在协议书下方签字。

转让人：［公司名称］

由［签名］

［打印的姓名］

［头衔］

受让人：［公司名称］

由［签名］

［打印的姓名］

［头衔］

第 22 章

转让知识产权 2：
转让或许可契约

转让全部知识产权（转让）或使用权（许可）时，知识财产所有者必须通过书面协议转让。大多数国家的法律要求签订书面合同实现转让。若无书面合同，转让或许可被视为无效，因此在特定的国家不能执行。

当事人签订转让或许可协议后，要求获得知识财产权利的一方应在协议涉及的所有国家保护这些权利。在许多国家，为得到法庭认可并成为对第三方的有效通知书，必须到相关知识财产注册处对于整个协议或者与该协议有关的称为契约的简短表格进行备案。获得知识产权的一方必须参考当地法律或向当地法律顾问咨询以确定要求。

如果对契约备案是可能的，那么大多数当事人偏爱使用契约备案。原因很简单——不就是在公开记录中放了一个文件嘛！备案的目的只是为了向注册处和第三方公布权利的转让和获得授权拥有或使用此知识财产的新当事人。因此，为实现这个目的并不需要公开整个协议，简短的契约就足够。

事实上，我们诚恳地建议获取方在履行协议前先了解相关要求并获得必需的表格，原因有两点：首先，转让或许可双方通常需要签署记录文件，这在签署协议时很容易实现，但从那以后，尤其在转让协议中，通常较难再找到转让权利的一方并获取其签字。其次，许多国家针对转让备案设定了时间限制，逾期必须支付罚款。这段时间可能相当短，甚至从协议日期起只有 30 天。

转让或许可契约

☐ 表格使用

此表格仅用于示例说明。由于是契约，所以用了大量法律措辞，并且从中世纪以来契约的法定形式就没有很大改变。不同国家间契约的基本内容差别不大，但许多国家倾向使用预先印好的表格，通常是英语和该国官方语言双语印刷。最好从当地法律顾问那里获得此类表格。如果使用下表，一定要适合所处的情况，参考转让或许可术语进行选择。

☐ ［转让/许可］契约

在［日期］，本［转让/许可］契约由(转让人/许可人) 的［甲方姓名］、在［地址全称］拥有［住宅/注册地址］的［个人/按照（州/国家）的法律组织并成立的公司］，以及(受让人/被许可人) 的［乙方姓名］、在［地址全称］拥有［住宅/注册地址］的［个人/按照（州/国家）的法律组织并成立的公司］共同订立。

然而：

依据［转让人/许可人］和［受让人/被许可人］于［此契约的同一日期/标注日期］签订的协议(主协议)，［转让人/许可人］同意［出售/转让］，同时［受让人/被许可人］同意购买知识财产的［全部权利/许可权和使用权］，相关细节在契约一览表中有陈述。［如果转让全部权利，需要增添：与那些权利相关的商誉和主协议中定义的全部未注册知识财产］(统称为知识财产)。

［转让人/许可人］已同意通过［转让/许可］协议，即把知识财产的［全部权利、名称和收益/特定使用权］转让给［受让人/被许可人］。

各方就以下内容达成一致：

鉴于［受让人/被许可人］依照主协议向［转让人/许可人/代表转让人/许可人的受款人姓名］汇寄与此知识财产有关的全部支付款(［转让人/许可人］在此认可收据)，［转让人/许可人］即刻将知识财产的［全部权利、名称和收益/许可使用权］［转让/让渡］给［受让人/被许可人］，［如果转让全部权利，需要增添：包括但不限于受让人完全掌握的全部权利、特权和附加优势，(在主协议中公开的除外) 不附带任何留置权(由主协议规定)，受让人完全有权利对知识财产的全部未决申请提出注册要求，对转让之前或之后发生的侵权行为，受让人有权对此提出控告并保留全部的有效救济]。

　　[如果转让全部权利，包括：转让人特此支持受让人并交出所拥有的全部知识产权及相关材料和图片，并且明确承认受让人的权利。]

　　按照[受让人/被许可人]的要求，[转让人/许可人]必须执行所有的文件、表格和授权书，对所采取的其他任何行动进行宣誓，其中包括但不限于完成全部组内[转让/许可]、签订[转让/许可]契约时名称和地址的未决更改；由于[转让/许可]契约中有要求或[受让人/被许可人]有合理主张，还必须做到[如果转让全部权利，要把知识财产的全部权利、名称和收益授予受让人，如果只是授权许可使用权，只将知识财产中特定许可和使用权转让给被许可人即可]。此行动费用应该按照主协议的规定由各当事人分担。

　　[转让/许可]契约可有多个副本，并且每份都属于原始契约，共同构成相同的协议。

　　[转让/许可]契约及其条款受[州/国家]法律管辖，并且双方同意按照上述法律对其进行解释，此转让引发的所有问题，双方同意交由[州/国家]非专属性管辖权的法庭处理。

　　以此证明该[转让/许可]已根据各方当事人的名义完成。

　　一览表

　　[列出有关知识财产的认可信息：例如，标题或名称、申请或注册号]

　　转让人/许可人：[公司名称]

　　由[签名]

　　[打印的姓名]

　　[头衔]

　　受让人/被许可人：[公司名称]

　　由[签名]

　　[打印的姓名]

　　[头衔]

第23章 转让知识产权3：未备案转让或许可的补充纪要

许多国家的法律规定，转让协议、许可协议或其他将全部或部分知识产权转让给另一实体或个人的协议必须进行备案。未备案意味着此协议将被某个国家的法律机构认定为无效，因此无法在当事人之间强制执行。此外，还有另一种情况，此协议因违背第三方（未列入协议当事人）的利益而被认为无效。无论哪种情况发生，如果未对相关协议进行备案，同时继续进行涉及知识产权的转让交易，那么知识财产所有者最终将失去知识产权，或至少不能对其执行独占权，因为知识财产所有者将被认定他所获取的是未经授权（即侵权）的知识财产。

如果继续开展业务，但手头有一份协议未依据在册知识财产进行备案，那么你需要决定是否立即进行备案。你可以通过支付罚金进行协议备案，或者必须完成一份协议（假定另一方同意）并对其进行备案。如果你还能对当前协议进行备案，那么为了消除转让有效期和存档日期之间的时间间隔，你可使用此处的知识财产转让协议补充纪要。这种补充纪要不会对原始知识财产转让协议产生任何更改，它只是在知识财产转让协议备案缺失的情况下，满足法律要求的完全公开和转让知识产权。

如果知识财产转让协议是无保留转让全部权利的协议，那么将由先前知识财产所有者（转让人）向新的知识财产所有者（受让人）做出此补充纪要中的公开和转让。如果知识财产转让协议是许可协议，或是其他仅转让部分权利

（如知识财产的使用权）而保留所有权的协议，那么将由被许可方（授权用户）向知识财产所有者（许可人）做出公开和转让。应该根据双方当事人的特定情况对使用形式进行调整。

应考虑立即进行市场调查，以确定是否发生第三方侵权以及是否需要采取措施。下面这种方式不会解决第三方侵权问题。如果未按法律要求备案，第三方侵权者不可能很快屈从于你的知识产权要求，如果那样就必须考虑其他执行方式。

知识财产转让协议的补充纪要

以［日期］作为标记日期，由［转让人/许可人姓名和地址］［描述和国籍］（以下称［转让人/许可人］），以及［受让人/被许可人姓名和地址］［描述和国籍］（以下称［受让人/被许可人］）共同订立的［转让协议名称］（以下称主协议）的补充纪要将于［日期］生效。另外，此补充纪要依据主协议的［数字］段内容记录，意在对有关［国家］的主协议条款进行澄清。

注释：条款中定义的当事人必须与主协议中的当事人相同，并且也应执行补充纪要。在补充纪要中定义当事人所用的词语（例如转让人/受让人）必须与主协议中的相同。补充纪要内容的最后，应该提到所涉及的主协议中的相关段落，以便允许当事人对协议进行修正或更改。

各当事人承认，按照主协议规定，［受让人/被许可人］在［国家］和［转让人/许可人］开展业务往来。

因此，各当事人同意受以下条款的约束：

1. 当事人同意，按照主协议，［受让人/被许可人］将在［国家］继续开展业务，按照主协议［如果是转让，转让人应该把全部权利、名称和收益转让给受让人；如果是许可，许可人应该转让出在（国家）的使用权］，在补充纪要的A表中列出的部分或全部知识财产（以下把它称为知识财产）。各当事人进一步承认他们受到主协议条款和条件的约束。

2. ［如果是转让，转让人认可并同意依据主协议把知识财产中的全部权利、收益和商誉转让给受让人。在（国家）使用知识财产必须以受让人为受益人。如果是许可，被许可人认可并同意，无论是否使用过许可人的知识财产，除了依据主协议正式授权许可的权利之外，未获得任何其他权利。被许可人对许可人知识财产的使用必须以许可人为受益人。］

3. ［如果是转让，转让人承认受让人拥有知识财产的专有权利、名称和收益，并承诺在任何时候都不会质疑、损害或意图损害属于受让人的权利、名称和收益。[如果是许可，被许可人承认许可人拥有知识财产的专有权利、名称和收益，并承诺在任何时候都不会质疑、损害或意图损害属于许可人的权利、名称和收益。]

4. [如果是转让，转让人不得以任何方式表明他对知识财产拥有任何所有权。如果是许可，被许可人不得以任何方式表明他对许可人的知识财产拥有任何所有权或注册权。]

5. 如果主协议被撤销或由于某些原因宣布无效，那么此补充纪要同时终止，各当事人必须完全遵循主协议的终止条款。

6. 为了在［国家］完成主协议的注册，［转让人/被许可人］同意对所有必要的文件和协议进行完善、署名并归档。

7. [如果是许可，包括被许可人保证只在主协议条款范围内使用知识财产，并且在协议条款之外也不会申请、注册或使用与许可人的知识财产相同或类似的知识财产。同时，被许可人进一步保证不会采取可能使在册知识财产价值耗减或剥夺许可人知识财产所有权的任何行动。]

8. [如果是许可，包括被许可人声明对于知识财产的全部注册和使用不会造成知识财产当事人之间的共同所有权。除了由主协议正式授权许可的权利要求以及依照主协议获得的权利要求，被许可人特此放弃原本可在知识财产中主张的全部权利要求。被许可人不会在（国家）或其他任何国家试图改变或取消知识财产的注册，也不会协助其他任何个人或实体这么做。]

9. [如果是转让，包括转让人不能仅以未对主协议进行备案为由，就试图搁置主协议或宣布其无效。]

10. 对补充纪要的任何违约或违反都将导致补充纪要和主协议即刻终止，除非另一方当事人书面豁免此违约或违反行为。当事人承认对补充纪要的任何违约或违反均会导致知识产权的价值耗减、名誉和商誉受损，同时也会对另一方当事人造成巨大的、无法弥补的伤害。不切实际地度量这些损失也不可能，因为金钱赔偿无法完全补偿这种伤害。因此，不管违约或违反行为发生在补充纪要终止之前还是之后，［转让人/被许可人］承认，另一方当事人无需证明损害或交付任何承诺或抵押品就有权向任意有司法管辖权的法院提出申请并获得临时禁令、初步禁令和/或永久禁令，并且［转让人/被许可人］保证不再对补充纪要产生进一步的违约或违反行为，也不会对上述权利构成侵犯或损害。这种救济是对其他有效赔偿方案的补充而非取代。

11. [如果是许可，包括被许可人保证完全遵守税收、许可、移民、劳工和商业运行的全部相关法律。]

12. 就与主协议条款相冲突的补充纪要条款来说，补充纪要的条款被认为受到主协议条款约束。

13. 如果此补充纪要的任何重要条款被具有司法管辖权的法院认定为无效或无法执行，各方都有权即刻终止此补充纪要。

以此证明，自补充纪要开头记录的最早日期起，当事人已完成此补充纪要。

转让人/许可人：［公司名称］

由［签名］

［打印的姓名］

［头衔］

受让人/被许可人：［公司名称］

由［签名］

［打印的姓名］

［头衔］

术语表

如果读者想要全面了解和查阅有关国际贸易、经济、银行业、法律和运输业的词汇，我们推荐世界贸易出版社（World Trade Press）出版的第八版《国际贸易词典》（*Dictionary of International Trade*）。

有关知识产权的各种定义，参见第 1 章"知识产权基础"，有关国际条约和国际协会的细节，参见第 11 章"多国法庭中的知识产权"。

缩写本（著作权）（abridgement）：

参见"衍生作品"（derivative work）

摘要（专利）（abstract）：

包含专利申请的提要，通常放在已注册专利的首页，以简述这项发明的性质、结构和目的。

非洲地区知识产权组织（African Regional Intellectual Property Organization, ARIPO）：

非洲国家肯尼亚、马拉维和苏丹之间在知识产权注册方面达成的合作和协调协议。

代理（agency）：

当事双方的一种关系。在这种关系中，一方（代理人）根据另一方（委托人）的口头或者书面授权，代表和代理委托人的相关事务。在有些国家，只有书面协议或者通过委托人或代理人的委托书方可建立代理关系。参见"代理人"

(agent)、"委托人"（principal）和"委托书"（power of attorney）。

代理人（agent）：

获得授权，代表另一人或者法人行动的个人或法人（委托人）。获得授权的代理人，其行动受到委托人的约束。例如，某书受到版权保护，当图书所有权人授权他人向第三方出售版权以出版此书时，获得授权的代理人的行动受到图书所有权人的约束。在许多国家的知识产权保护法中，"代理人"作为个人或公司具有特定含义，即已经被知识产权保护法认为有资格作为代理人。虽然这些"代理人"不必具备类似律师的资格，但通常他们必须接受过技术、科学或者法律培训。参见"代理人"（agent）、"委托人"（principal）和"委托书"（power of attorney）。

保留所有权（著作权）（all rights reserved）：

该术语出现在许多版权公告中，其目的是确保处在《布宜诺斯艾利斯公约》下的保护行为。按照这个公约，美国和拉丁美洲国家同意互相保护对方著作权作品方面的权利。目前，由于其他国际条约已经取代了《布宜诺斯艾利斯公约》，同时这些新的公约并不需要该术语，它已经无足轻重。

修正（amendment）：

对法律文件或条文的增删或其他修改。

安第斯集团（Andean Group）：

一个拉丁美洲国家的联盟，也称安第斯条约组织，是安第斯地区的中等国家为促进区域经济一体化（包括知识产权一体化）于 1969 年成立的联盟。成员国包括玻利维亚、哥伦比亚、厄瓜多尔、秘鲁和委内瑞拉。地址：安第斯集团：Avenida Paseo de la Republica 3895；Casilla Postal 18 - 1177；Lima 18；Peru（秘鲁）；电话：＋(14) 41 - 4212；电传：20104PE；传真：＋(14) 42 - 0911。

专利年费（annuity）：

法律规定的收费，用以保持专利注册的有效性，不及时缴纳年费会导致专利失效。

选集（著作权）（anthology）：

参见"编辑作品"（compilation works）。

预期的（专利权）（anticipated）：

一项发明，如果与较早时间的专利太相似，以至于不能认定其新颖性，那么就不能注册为专利。一项发明可能由先前已完成的技术工作、公众使用情况或者向公众展示（即该专利权归档）前预见到。参见"先有技术"（prior art）和"公布"（publication）。

预期（专利权）（anticipation）：

参见"先有技术"（prior art）。

《反竞争协议》（Anti-competition Agreement）：

参见《竞业禁止协议》（covenant not to compete）。

反搁置条款（anti-shelving clause）：

通过该条款，在许可协议中，被许可人同意在已声明的时间段中对获得许可的知识产权进行商业化利用，不会"将得到许可的权利放在架子上"。在有效使用许可权或者丧失该项权利方面，这个条款为被许可人规定了明确的责任。

反托拉斯法（anti-trust law）：

在国际商业操作中，该法律的目的在于，禁止对市场进行不公平控制，以致事实上导致垄断结果的行为。此外，该法律也禁止两个大公司之间联手操作后会导致阻碍和约束自由贸易的商业约定，如协定价格或操纵价格。例如，一个公司仅依据协议与其竞争对手之一分享商业秘密，两个公司计划合作并垄断市场，那么这样的协议就很可能触犯反托拉斯法。

亚太经济合作组织（APEC）：

参见"亚太经济合作组织"（Asia Pacific Economic Cooperation）。

原产地名称（appellations of origin）：

与产品或服务相联系的地理位置名称，这些待售的产品或服务来源于此地。原产地名称不是商标，因为它们用于表示原产地，而不是对贸易商产品或服务的明晰判定。

存档副本（著作权）（archival copy）：

由软件使用方对已获得授权的软件所做的副本。软件"购买"方实际上购买了一个受限制的软件使用许可证，没有被获准拷贝。唯一的例外是：出于防止原始软件损坏和丢失带来危害的目的，可以保留一个单一副本，或将单一副本保存在安全的地方。这个权利在一些国家得到法律保护（例如《美国计算机软件保护法》），也得到大多数软件程序许可证协议的同意。但是，如果软件被移交或者销毁，存档副本必须同时被移交或销毁。

ARIPO：

参见"非洲地区知识产权组织"（African Regional Intellectual Property Organization）。

公平交易（arm's length transaction）：

公平交易是指这样的交易，双方在交易的谈判和最终安排期间有一样的议价力量，能够交换等价的补偿物或者近似等价的补偿物来达成交易。例如，根据对知识产权价值评估的结果，如果转让人收到对应知识产权所值的补偿，受让人收到对应补偿所值的知识产权，那么没有关联的双方就知识产权达成的转让就是公平交易。

技术（art）：

参见"先有技术"（prior art）。

ASEAN：

参见"东南亚国家联盟"（Association of Southeast Asian Nations）。

亚太经济合作组织（Asia Pacific Economic Cooperation，APEC）：

一个非正式论坛，亚太国家或地区的部长级领导聚集在一起讨论那些影响本地区和本地区特定国家的经济问题。成员包括澳大利亚、文莱、加拿大、中国大陆、中国香港行政特别区、印度尼西亚、日本、韩国、马来西亚、菲律宾、新加坡、泰国、中国台湾和美国。秘书处地址：438 Alexander Road 19‑01；Singapore（新加坡）0315；电话：＋276 1880；传真：＋276 3602。

受让人（assignee）：

个人或法人被批准获得之前由另一方（转让人）拥有的财产权。参见"转让人"（assignor）和"转让"（assignment）。

转让（assignment）：

财产权的转移，包括名称、权利和财产收益的转移。财产权从其所有人（转让人）手中转移到另一方个人或法人（受让人）手中，于是受让人变成财产权的所有人。参见"受让人"（assignee）、"转让人"（assignor）和"许可证"（license）。

转让人（assignor）：

财产权的拥有者将其所有权转移给另一方（受让人）。参见"受让人"（assignee）。

东南亚国家联盟（Association of Southeast Asian Nations，ASEAN）：

1967 年缔结的贸易和经济协议，目的是促进成员国之间的政治、经济和社会合作。成员国包括文莱、柬埔寨、印度尼西亚、马来西亚、菲律宾、新加坡和泰国。地址：ASEAN，Jalan Sisingamangaraja；PO Box 2072；Jakarta，Indonesia（印度尼西亚）；电话：＋(21) 712 272。

比荷卢经济联盟（Belgium，Netherlands，Luxembourg Economic Union，BENELUX）：

一个经济和政治合作条约，目的是鼓励三个成员国之间的经济合作，包括商标、服务标识、著作权和专利的联合登记，地址：BENELUX，39 rue de la Regence；1000 Brussels，Belgium（比利时）；电话：＋(02)519‑38‑11；传真：＋(02)513‑42‑06。

BENELUX：

参见"比荷卢经济联盟"（BENELUX）。

《伯尔尼公约》（Berne Convention）：

参见"国际文学和艺术作品保护联盟"（International Union for the Protection of Literary and Artistic Works）。

最佳版本（著作权）（best edition）：

受著作权保护的最高质量的作品版本。大部分著作权注册法要求当事人寻求著作权，以便在申请注册或交付时以最佳版本交付注册。

最佳实施方式（专利权）（best mode）：

对一项发明的公开说明。这个公开说明在细节上足以允许一个平常技术的人在相同技术条件下证实或研制出该项发明。在申请专利时，发明者必须公开最佳实施方式，因为发明者被授予发明垄断权的原因，仅仅是作为提高公众技术知识的交换。

诚信善意（bona fide）：

行事具有诚意、诚实和诚恳。例如，一个诚信善意的商标申请，是由商标所有者提出的申请，他具有真实诚恳的意图和信念，相信自己将使用这个标识与所售货物相联系，相信这个标识没有对任何知识产权所有者的权利构成侵权。

《布宜诺斯艾利斯公约》（Buenos Aires Convention）：

参见"版权所有"（all rights reserved）。

告诫通知（cautionary notice）：

一个通知，印刷在合法公开发行的报纸或其他定期出版的杂志上，目的是详尽地通知公众有关保护商标权或服务标识的内容。当一国没有专门法律保护商标或者服务标识时，最一般的方法就是使用告诫通知来达到保护的目的。告诫通知也可以用来使公众警惕侵权活动，并识别知识产权合法拥有者的辨别性特征。

禁止函（cease and desist）：

通常由法律顾问送出，用以通知个人或者公司，告知对方可能已经严重侵害了发函人或者发函人客户的知识产权。

权利要求（专利权）（claim）：

一个专利申请的声明，按照专利注册的要求采用精确及正式的语言描述发明。专利中包含的权利要求将决定专利的范围和既定保护的程度，但如果权利要求范围过大，该项发明很有可能会与先有技术存在共同的特征，并因此难以获得专利。一份专利申请通常会包含许多权利要求，这些要求规定了发明的不同方面。一个从属权项是指其他权利要求。

分类（商标）（classification）：

依据商品和服务的类型进行的编号分类，用于对特定规格商品和服务的商标和服务标识限定保护范围。

分类（专利权）（classification）：

依据发明的类型进行的编号分类，用于已注册和待注册专利的索引和搜寻。一般来说，由于分类工作的重要性和复杂性，这种分类是由专利登记处指派的分类。例如，在美国，专利可以有 1~66 000 个分类。

商业限制同盟（combination in restraint of trade）：

参见"商业限制"（restraint of trade）。

欧共体商标（community trademark）：

在欧盟（前身是欧洲共同体）建立的单一专利注册处进行归档和注册的商标或服务标识，受到所有欧盟成员国保护。专利注册处的全称为内部市场协调局（Office of Harmonization of the Internal Market），位于西班牙的阿利坎特。

编辑作品（compilation works）：

编辑作品是指包含如下情况的作品：对现存作品及材料进行搜集和选择，然后以新颖的方式重新表述。

强制许可（compulsory license）：

参见"许可证"（license）。

保密协议（confidentiality agreement）：

一种雇用协议，雇员在这个协议中同意对被雇期间所了解到的商业机密保守秘密。签署书面保密协议是更可取的方式，因为万一雇员违约，书面协议更容易成为呈堂证据。如果有证据表明在雇用关系中存在忠诚责任或保密责任，则该协议能够被法庭用来证明雇员的违约。参见相关定义"非公开协议"（non-disclosure agreement）。

对偿物（consideration）：

一个有价值的东西，作为缔结合同的诱因，从合同一方传递到另一方，没有这个东西合同就无法缔结。例如，知识产权所有者可以将知识产权转移给他人，如果此人收到了对偿物作为回报，那么这样的转移就被认为是合法的。

《保护工业产权公约》（Convention for the Protection of Industrial Property）：

参见"《巴黎公约》"（Paris Convention）。

《保护唱片制作者防止唱片被擅自复制公约》（Convention for the Protection of Producers of Phonograms Against Unauthorized Duplication of Their Phonograms）：

1971 年由相关成员国缔结的跨国协议，目的是协调所有声音作品和材料的翻录。这种声音作品和材料中的声音能够被定位、翻录和传播。

《关于禁止和防止非法进出口文化财产和非法转让其所有权的方法的公约》（Convention on the Means of Prohibiting and Preventing the Illicit Import, Export, and Transfer of Ownership of Cultural Property）：

1970 年由相关成员国签署的跨国协议，目的是承认国家对文化财产的权利，统一各成员国处理非法活动的方式，这些非法活动涉及消除文化发源国的产权。

副本（著作权）（copy）：

副本是指一种表达方式的有形形式，在任何时期内，不考虑这个时期是长是短，这种有形方式都能被保存。例如，复印件、录音带、录像带、计算机和磁碟上的程序和文件以及计算机存储器中的文件。著作权拥有者独享制作副本的权利。

著作权（copyright）：

原作者作品中的专有权，这种作品具有原创性，由创作力获得，由有形媒介定型。

著作权公告（copyright notice）：

参见"知识产权公告"（notice of IP rights）。

竞业禁止协议（covenant not to compete）：

一种合同规定，一方保证在特定时间或特定区域内不与另一方展开竞争。例如，雇用合同内可包含此协议来阻止雇员接受竞争对手公司提供的工作，或者商业销售合同内可包含此协议来阻止销售者利用购买者商业便利进行竞争。出于可实施性，协议必须受到一定的约束，比如通过时间或者地理位置进行限制，而且结盟的目的通常是为了保护公司的商业机密。在有些地方，法律禁止雇用合同中出现竞业禁止协议，但通常支持商业销售合同中出现的竞业禁止协议。

作者姓名或来源附注（credit line）：

与知识产权作品相关，用于识别作品作者或创作者的一份口头或书面致谢声明。如果该作品由一个作者或创作者创作，作者姓名或来源附注将只列出此人。如果有其他作者作为作品的合作者，许可中通常还会包含数个作者姓名或来源附注来指明使用权，并且使用权的许可通常建立在包含了表明所有权和作品来源的作者姓名或来源附注的基础上。

交叉许可（cross-licensing）：

一种许可证约定，专利权所有人同意，在需用数个不同发明进行产品生产的每个生产过程中进行合作，对于其他发明的使用，互相不必支付彼此的版权费。

域名抢注（cyber-squatting）：

一种不诚实的注册，是指互联网上域名与驰名公司的商标类似或者一样，做这种注册通常是为了将名字卖回给那个驰名公司来牟利。大部分互联网提供商现在有程序来取消这些名字，并且越来越多的国家正在颁布法律，使公司能够获得针对域名抢注的禁止令以及赔偿。

CTM：

参见"欧共体商标"（community trademark）。

衍生作品（derivative work）：

在已经受到著作权保护的先有作品基础上进行的新创作。

外观设计专利（design patent）：

赋予设计（即功能性制造品）的非功能部分的专利。

价值耗减（商标）（dilution）：

价值耗减是指商标价值、声誉和独特性的减少，减少的原因是竞争者对相同或类似商标的使用，导致间接败坏商标的声誉或者减少其独特性。例如，色情杂志对 IBM 商标的使用就是一种商标价值耗减。价值耗减并非直接侵权，因此许多国家颁布了反商标价值耗减法律，为身陷此处境的公司提供补救措施。

等同原则（专利权）（doctrine of equivalents）：

法院开发出的测试方法，通过判断被举报侵权的发明本质上是否以同样方式做了同样工作来实现同样结果构成先前的专利发明，决定这个专利是否受到侵权。

仔细审查（调查）（due diligence）：

对支持知识产权声明的事实进行发掘和评估所给予的关注。

《欧洲专利公约》（European Patent Convention，EPC）：

一个欧盟内部协议，通过为成员国专利申报建立中央办公室（欧洲专利局），对专利法和专利流程进行集中化和标准化管理。一旦获得专利，这个专利就变成多个专利——在每个国家都获得了这个专利。地址：European Patent Office，Erhardtstrasse 27；8000 Munich2；德国；电话：（89）2399 - 0；传真：（89）2399 - 4465。

欧洲专利局（European Patent Office）：

参见《欧洲专利公约》（European Patent Convention）。

合理使用（著作权）（fair use）：

合理使用是指异于著作权所有人专有权的例外使用。通过例外使用，第三方可在未获得所有人准许的情况下使用受版权保护的作品，并无需承担侵权责任。第三方可以拷贝、复述或对作品进行其他使用（在限制范围里），受到著作权管制，这些使用必须与下列情况之一相关：学术或研究活动、对作品的批评或评论（包括嘲讽）、新闻报道或者教学。

首次销售原则（著作权）（first sale doctrine）：

首次销售原则是指在一些例外中，当作品第一次被出售时，著作权所有人在完整作品的法律副本上建立的权利。购买者可以自由地破坏、出售、出借或者以任意其他方式处置作品，但购买者无权制作作品的任何副本，因为这是对著作权的侵犯。法律可以规定此规则的例外情况，因此各个国家在这一点上可能不同。例如，颁布了计算机软件保护法规的国家通常禁止计算机程序购买者随后出于任何商业目的向公众出租或借出副本。

在先申请法（first to file law）：

法律将知识产权授予先行递交知识产权注册申请的一方，而不考虑当事人是否是最早使用专利的一方，有时候也指"竞赛法规"。这些法律都将知识产权授予第一个注册申请人，而不考虑已经先行使用该知识产权当事人的权利，不管这种使用发生在国内还是国外。

在先发明法（专利权）（first to invent law）：

在专利发明中，法律将知识产权授予能够证明自己是第一个构造出该发明的一方。如果另一方先行递交了注册申请，那么宣称自己第一个构造出该发明的一方可以递交干预申请或者反对申请，从而重新要求授予知识产权。

在先使用法（商标）（first to use law）：

在商标或服务标识中，法律将知识产权授予能够证明自己是第一个使用该商标的一方。在一些国家，只承认商标在国内使用中的在先情况。其他国家的法律对商标在国外的在先使用，特别是当该商标已经变成其他国家驰名商标时的知识产权也给予认可。

自由作家（freelance）：

进行创作的个人或公司，其创作工作由该创作工作的出版商委托或出售。

GATT：

参见"关贸总协定"（General Agreement on Tariffs and Trade）。

关贸总协定（General Agreement on Tariffs and Trade，GATT）：

由会员国谈判达成的多边贸易协定，谈判始于1987年，随后每隔几年举行一次会议并逐步取得进展。GATT的主要目标是协调成员国的贸易要求和减少成员国的贸易摩擦及贸易障碍。GATT中也包含了对成员国知识产权认可和处理的相关条约。世界贸易组织作为强制执行条约的管理部门在GATT协议的基础上成立。GATT条约中保护知识产权的部分被包含在《与贸易有关的知识产权协议》中。

权利授予（著作权）（grant of rights）：

在出版前，从作者到出版商的所有著作权的分配以及对报酬或对未来版税的交换。

鉴别材料（著作权）（identifying material）：

把一个作品的部分内容存放在版权局或者把完整作品的代表部分存放在版权局。无论何时，当作品难以作为整体存放时，以这样的方式代替完整作品的存放是允许的。

工业制图（industrial drawings）：

原理图、工序图或者其他勾画了工业生产方法或制造机械装置的制图。

工业产权（industrial property）：

一种形式的知识产权，通常是指被开发并用于专利、商标、商业机密和原产地名称等特定商业用途的所有权中的知识产权。

工业秘密（industrial secret）：

本质上属于机械、技术、科学或工艺的商业机密，比如保密的工艺流程、机器、配方、制造方法或未注册过的工业设计。一些国家（例如美国）将工业秘密视同商业机密，只有当其未公开披露时方提供保护。其他国家，比如法国、德国、日本，即便涉及工业秘密的一般工艺流程或方法已获得专利或者被公开，也会对工业秘密区别对待。例如，制陶业在日本广为人知，但使制陶业获得商业化成功的因素（合成混合、釉料混合、烧制温度和时间等）可以作为工业秘密得到保护。

无形产权（intangible property）：

一种财产类型，能够被拥有和转移，但因为无法用任何人的感官观察到，这种财产并不是有形的。例如，你能用眼睛看见、用手拿着、用嘴朗读一本书，但书中蕴涵的智力创造的专有权无法被看见、拿着或朗读。所有权可以由一纸注册通告代表，但著作权本身仍然是无形的。

知识财产（intellectual property，IP）：

在人类智慧创造出的作品中包含的无形产权。如果作品是新颖的、独特的或是原创性的，那么其中蕴涵的无形产权就能得到保护，包括著作权、商标、服务标识、专利、外观设计、商业机密、传统本土知识和原产地名称。

其他的事物（inter alia）：

在其他事情中。

干预程序（interference）：

当两个专利或者两个待定专利都声称对同一发明拥有专利权时，用以确定专利权归属的一种管理过程。

《保护表演者、音像制品制作者和广播组织的国际公约》（International Convention for the Protection of Performers, Producers of Phonograms, and Broadcasting Organizations）：

1961 年通过的多国协议，意在确定和协调成员国涉及表演者、音像作品制作者和广播员在现场直播、录音以及录像方面知识产权的法律和法律条约。

国际保护工业产权联盟（《巴黎公约》）（International Union for the Protection of Industrial Property, Paris Convention）：

成立于 1883 年，定期进行修订，目前由 WIPO 进行管理。这个国际协议意在协调国家的专利和商标条约，并且防止不公平地对待工业产权的跨境注册者和使用者。

保护文学和艺术作品国际联盟（《伯尔尼公约》）（International Union for the Protection of Literary and Artistic Works, Berne Convention）：

最初是 1886 年在瑞士伯尔尼由参会国代表们达成的国际协议，目的是提供签约国之间知识产权认同和处理的解决方案。成员国一致同意，以保护本国作者作品的相同方式保护由外国作者完成的有著作权的作品，并且一致同意将作品的著作权保护时间延长为作者在世时间再加 50 年。所有的 GATT 签约国也必须同时遵守《伯尔尼公约》。保护文学和艺术作品国际联盟也以《伯尔尼公约》或伯尔尼联盟之名闻名于世，自签订后被定期修订（1967 年斯德哥尔摩，1971 年巴黎），目前由世界知识产权组织管理。参见"世界知识产权组织"（World Intellectual Property Organization）。

许可证（license）：

一种协议。知识产权所有人（许可人）为换取专利使用费、版税或者其他补偿，在保留全部知识产权的限制条件下，通过这种协议授予另一方（被许可人）使用知识产权的权利。许可证可以对特定时间、范围或商业中的使用授予独家使用权，或者也可以是非独家使用的。拆封许可（shrink-wrap license）这种协议，软件发布商可通过其限制消费者对软件的使用，通常印在产品外包装上，因此直到软件被消费者购买后才能读到。但是，如果消费者拒绝接受许可协议，必须允许退款。定点许可（site license）是软件发布商对要在数个独立计算机上安装多个拷贝的公司授予的许可，通常会为该公司所需软件的每个拷贝提供优惠折扣。强制许可（compulsory license），即在一些国家，法律或法院可未经知识产权所有人许可签发强制许可。在强制许可下，知识产权所有人必须允许某种被许可人在某种对其进行补偿的条件下使用该知识产权。例如，如果在一段非戏剧音乐被录下并向公众发布后，著作权所有人不允许任何公司为了公众的个人用途进行录制和发行，那么美国法律可据此提起强制许可。在这种情况下，法律强制著作权所有人授予许可，而且版税的数额由法规的规定决定。参见相关术语"转让"（assignment）。

被许可人（licensee）：

参见"许可证"（license）。

许可人（licensor）：

参见"许可证"（license）。

《商标国际注册马德里协定》（Madrid Convention on International Registration of Trademarks）：

一个由不同国家缔结的国际协定。通过这个协定，成员国国民为了获得所有成员国的认可，可以向中央注册中心提交在本国获得的注册登记，而每个成员国都可以接受或拒绝这个商标注册。

标识（marking）：

符号或者隶属于知识产权材料术语的夹杂体。例如，©可用于关联由著作权保护的材料，™或®可用于关联作为商标或服务标识注册的标签，"Patent Pending"或者"Pat. Pend"可用于关联隶属于专利权保护的材料。这些标签用于告知公众，这些材料构成了受到保护的知识产权并且属于私人所有。但是，如今这些标识在大部分国家几乎没有任何意义，因为意在协调知识产权问题处理的国际条约并未做这样的要求。然而，一些国家继续执行标识法律，因此在跨国界营销受保护知识产权的商品时，应重新审查这些本地的要求。

NAFTA：

参见《北美自由贸易协定》（North American Free Trade Agreement）。

《尼斯协定》（Nice Agreement）：

参见"分类（商标）"［classification（trademark）］。参见第11章"多国法庭中的知识产权"。

不披露协议（nondisclosure agreement）：

公司和另一方达成的协议，各方同意在没有授权的情况下不对任何人或公司披露商业机密和工业秘密。违反不披露协议会使披露方构成合同违约，如果由于违反该协议造成任何侵权，知识产权所有者也可以提起起诉，制止被披露知识产权的商业使用并且获得金钱赔偿。

《北美自由贸易协定》（North American Free Trade Agreement，NAFTA）：

1993年加拿大、美国和墨西哥之间达成的协议，用于消除这些国家之间的贸易壁垒。NAFTA要求这些国家为跨国交易中的知识产权保护制定某种法律条文并建立某种法庭。

知识产权通告（notice of IP rights）：

这种通告由受到知识产权保护的作品、产品或者其他物品来展现，或者与其相关。通告意在使所有第三方都知晓你的知识产权。如果你使用了通告，并发现有第三方在商业中采取不诚信行动来抄袭和使用你的知识产权，即使他们宣称根本不了解你的权利，法院也会认为他们了解你的权利。在有些国家，法律规定必须发布通告，如果不发布通告你就会失去知识产权。在大部分国家，如果在知识产权注册前使用通告，会招致罚款或者其他针对此行为的法律诉讼，甚至导致你失去知识产权。各国对什么是恰当的通告形式有不同标准，例如一些国家要求商标所有者出示商标时带有®，一些国家要求使用™，其他国家则对通告形式完全没有要求。

《巴黎公约》（Paris Convention）：

通过这个条约，成员国同意对其各种类型的工业产权（包括商标、服务标识和专利等）进行协调处理。

当事人（对一个交易而言）（party）：

代表问题、合同或争议中一方的个人、团体或者实体。

仿冒规则（商标）（passing off doctrine）：

一种不诚信的行动。一方自称拥有或者得到授权使用商标并以此向消费者或者公众全面显示对商标的使用，而这种拥有并非事实，会导致有关货物和服务来源的混乱。这个规则主要被发展成在法庭上保护商标所有者免受他人对其所拥有商标的不诚信使用，这种使用尚不构成可依法惩处的侵权。例如，公司A使用小号字印刷的商业名称来辨识其分销权，同时该商业名称是对公司B商标完全或相似的复制。由于对商业名称的使用有别于对商标的使用，因此这里不存在直接侵权。然而，公司B可以起诉公司A仿冒，依据是A使用的商业名称与B的商标类似，可普遍引起消费者和公众的混淆，同时，公司A为引起混淆故意选择了这个名称。

专利权（patent）：

一种利用发明和促进发明发展并阻止他人使用这个发明的专有权利，授予非显而易见的新颖发明的发明者。

《专利合作条约》（Patent Cooperation Treaty，PCT）：

1970年由成员国签署的国际条约，目的是提供有效和一致的专利保护解决方案。单一的PCT申请必须向一个登记中心提出，然后每个成员国都必须进行备案归档。

PCT：

参见《专利合作条约》（Patent Cooperation Treaty）。

盗版（piracy）：

任何故意对他人知识产权进行侵权或进行不合法获取的行为。

剽窃（著作权）（plagiarism）：

故意抄袭他人的原始表达或创造性思想并据为己有。大部分剽窃并不违法，只是伦理或道德问题。然而，如果剽窃是为了获得商业利益，就构成侵权的基础。

委托书（power of attorney）：

一份书面或口头的授权。通过这份授权，个人或法人（委托人）授权另一方（代理人）代表委托人执行规定的行动。例如，委托人可以签署一份特定的委托书，授权代理人递交一份注册某个特定知识产权的原始申请；或者，签署一份全权委托书，授权代理人负责递交申请并处理中间过程，更新已有的一个或数个知识产权。

委托人（principal）：

个人或法人授权其他个人或法人（代理人）代表委托人行事。如果这些行动在既定的授权范围内，那么委托人和代理人的行动就被联系在一起。参见"代理"（agency）、"代理人"（agent）和"委托书"（power of attorney）。

先有技术（专利权）（prior art）：

在提交新专利申请之前已经构想出和被公开的所有发明。先有技术参考是指针对已公开发表的、在提交该新专利申请之前已经出现的先有技术进行的任意书面说明或者讨论，此处公开发表包括期刊发表、已提交的先有专利申请或注册或者其他世界各地的任意语种出版。

临时专利（provisional patent）：

一种得到某些国家允许的专利申请。通过这种方式，发明者可先行申报一个足够公开发明的临时专利申请，但这个申请仅包含进行完整申请时所要求的部分信息。在递交完整的申请前，不会对这个临时专利的实质性内容进行审查，但这种申请有时效限制，必须在特定时间内进行审查并完成整个申请，否则就会被认定为放弃。

公共领域（public domain）：

整个公众的权利和利益，与私有权利和公司或个人的利益形成对立。进入公共领域的作品和创造不再是特定的私人或公司的财产，也不能得到知识产权法的保护以免于侵权。

出版（publication）：

已经向公众整体展示或发布的作品、发明或创造，就被认为是出版。对知识产权的大部分形式来说，在出版之前必须先获得知识产权。

进行程度（race stature）：

参见"在先申请"（first to file）。

字面解读原则（read on doctrine）：

通过判断专利声明中所使用的字面语言是否与声称被侵权的设备和生产工艺的每一个细节类似或者一样，由法院开发出并使用的用以决定专利是否正在受到侵权的一种测试方法。

商业限制（restraint of trade）：

商业限制是指限制商业自由流动的商务活动，例如下面的一些商务安排，两个商务当事人商议固定价格（统一定价协议）、将贸易限制在某个地理区域中（区域限制协议）或者消费者购买某产品的条件是同时购买另一个产品（捆绑协议）。参见《反托拉斯法》（Anti-trust Laws）和"竞业禁止协议"（covenant not to compete）等相关概念。

逆向工程（reverse engineering）：

对产品进行检查以找出其构成零件和制造方法。如果知识产权只是被作为商业秘密保护，同时其他公司能够通过逆向工程找出其构成零件和制造方法，那么商业秘密就被认为是公开的，无法得到保护。然而，如果知识产权已经获得专利或著作权，那么就不必考虑逆向工程时被发现的秘密而能够继续得到保护。

服务标识（service mark）：

一种与商标类似的标识，但服务标识保护的是服务，商标保护的是商品（尽管"商标"这个词也常用于指保护服务的标识）。

雇主权利（shop rights）：

雇主权利是指当雇员已经在其职务范围内构想出或者开发出某个发明时雇主获得其发明许可的权利。这个雇主许可权具有免版税、不能撤回和非专有的特点。雇员在专利上仍然保有所有权，包括授予其他公司非专有许可权的权利。在缺少雇用合同时，雇主权利得到提升，因为雇员在雇用合同中已经将所有的发明让渡给雇主所有①。

拆封许可（shrink-wrap license）：

参见"许可证"（license）。

定点许可权（site license）：

参见"许可证"（license）。

当前技术水平（state of the art）：

在当前任意特定工业或贸易中，自给定时刻起存在的技术、生产工艺、标准、机械和其他类似参数。

有形表达媒介（著作权）（tangible medium of expression）：

一种物质的形式或表现方法，能够被感知、复制或者以持久性方式被传播。在提供著作权保护的大部分国家，作品融入有形表达媒介后得到保护以免受时间的影响，这样的例子包括纸张、计算机磁盘驱动器和磁带、胶片、声音和影像磁带以及雕塑的媒介物。

商业装潢设计（trade designs）：

工业生产过程中只是为增加吸引力而应用于商品的形状、图案或其他装饰。

商业装潢（trade dress）：

在产品或服务的呈现形式中声称的专有权，这种呈现形式包括包装、标志或销售材料中的种类、颜色、形式等。

---

① 此处疑原书有笔误，因为按照上下文意思，应当是存在雇用合同时雇主权利能得到提升。——译者按。

商业名称（trade name）：

用于区别于其他公司商务活动的名字。

《与贸易有关的知识产权协议》（Trade Related Aspects of Intellectual Property Rights，TRIPS）：

参见"关贸总协定"（GATT）。

商业机密（trade secrets）：

能够给予创作者或编辑较其他商人更多竞争优势的创造性作品和信息汇集。

商标（trademark）：

对商务活动中与货物或服务相联系的标识进行利用的专有权利，利用这种标识的目的是从其他商人那里辨别和区分出特定的货物和服务供应商。

TRIPS：

参见"关贸总协定"（GATT）。

捆绑协议（tying agreement）：

参见"商业限制"（restraint of trade）。

不公平竞争（unfair competition）：

针对其他贸易者行为的不诚信或欺骗性的商业活动，比如欺骗性的广告、仿制品以及其他非法的贸易做法。

《世界版权公约》（Universal Copyright Convention，U. C. C）：

1952 年首次缔结的用于保护成员国著作权的国际条约。各成员国同意向任意首次在成员国出版的作品或者向由任意成员国国民完成的作品提供国民待遇。授予作品著作权保护所必须满足的规章仅为如下通知中的内容："© ［首次出版年份］［作者姓名］"。目前，这个公约应用于尚未加入 GATT 和《伯尔尼公约》的成员国。

实用新型（utility models）：

在一些国家得到认可的专有权利，用于保护技术发明免受第三方侵权，这种类型的专利权对新颖性的要求通常不那么严格，受保护的期限较其他专利也稍短。

实用专利（utility patent）：

大部分专利都是实用型专利，"实用"是指该发明必须对工业或者制造业生产过程有用。

增值税（value added tax，VAT）：

就生产中每个阶段产品增加的价值征税，可应用于国际贸易，也可应用于由证券或产权服务带来的增值。

自始无效（VOID AB INITIO）：

从创立之初就没有效力。注册时存在欺诈的知识产权可以被认为是自始无效。

WIPO：

参见"世界知识产权组织"（World Intellectual Property Organization）。

世界知识产权组织（World Intellectual Property Organization，WIPO）：

联合国的机构之一，寻求在国际知识产权保护问题上促进国际合作，对各国缔结的条约和组织进行管理，为成员国国民间的跨国争议解决提供仲裁合议。

世界贸易组织（World Trade Organization，WTO）：

参见"关贸总协定"（GATT）。

WTO：

参见"关贸总协定"（GATT）。

参考文献

Aaker，*Managing Brand Equity*：*Capitalizing on the Value of a Brand Name* （Collier Macmillan，Toronto，Canada 1991）

Elias，*Patent*，*Copyright* & *Trademark* （Nolo Press，Berkeley，CA，3d ed. 1999）

以美国视角以及非法律条款的形式对专利权法、著作权法、商标法、商业机密法进行综述，也阐述了各国相关法律的异同。

Fishman，*The Copyright Handbook*

详细介绍并解释了美国的著作权，包括正式表格示例。

Fishman，*Software Development*：*A Legal Guide*

对公司、雇员、独立劳动者的知识财产法的讨论和合同的探究。

Lindberg & Cohn，*The Marketing Book for Growing Companies That Want to Excel* （Van Nostrand Reinhold Co.，New York 1986）

对产品名称和公司名称的价值及其一般演变趋势的探究。

Oathout，*Trademarks*：*A Guide to the Selection*，*Administration*，*and Protection of Trademarks in Modern Business Practice* （Charles Scribner's，New York，1981）

Shippey，*Trademark Practice* & *Forms* （Ocean Publications，New York，1996）

逐个审视了各国的商标法以及注册和保护商标的程序。

http：//www. bitlaw. com

在线提供美国专利商标局的货物和服务认可说明手册，以字母顺序列出产品和服务的详细清单，有建议的说明书和分类号，在世界上大多数国家申请商标时有助于制定货物规格。

http：//www. execpc. com

有关商业机密的信息、动态和发展。

http：//www. tufts. edu/departments/fletcher/multi/trade. html

链接到针对专利、商标、著作权或其他知识财产保护的国际条约。

http：//lcweb. loc. gov/copyright

美国版权局的网站，可以找到有关著作权保护的表格、法律、法规和准则。

http：//www. uspto. gov

美国专利商标局的网站，可以免费查询专利和商标，提交申请，搜索重要信息，比如与知识财产有关的新闻、法律、法规。

http：//www. wipo. org

有关知识财产国际公约和趋势的信息，包括世界各国政府及其国家知识财产网站的链接。

参考文献

译后记

本书的翻译工作由北京第二外国语学院倪晓宁统一组织安排。其中，第1章和术语表由倪晓宁翻译，导言和第4章、第11章、第16章、第18章、第22章、第23章和参考文献由研究生王丽翻译，其余各章由研究生王丽和倪晓宁共同翻译。最后，倪晓宁对全书进行了校对和修正。要倩雅、田野、王梓任、谢晓添、吴晓坤、王依军、高倩、张伟、高晗、张素锦、付欢、刘兴坤、李君、钟红英协助进行了整理录入工作。

图书在版编目（CIP）数据

国际知识产权：第3版/(美)希比（Shippey, K. C.）著；倪晓宁，王丽译. —北京：中国人民大学出版社，2012.2

（国际贸易经典译丛·简明系列）

ISBN 978-7-300-14843-4

Ⅰ.①国… Ⅱ.①希… ②倪… ③王… Ⅲ.①国际法：知识产权法 Ⅳ.①D997.1

中国版本图书馆 CIP 数据核字（2011）第 256848 号

国际贸易经典译丛·简明系列

国际知识产权（第三版）

卡拉·希比 著

倪晓宁 王 丽 译

倪晓宁 校

Guoji Zhishi Chanquan

出版发行	中国人民大学出版社		
社　　址	北京中关村大街 31 号	邮政编码	100080
电　　话	010－62511242（总编室）	010－62511398（质管部）	
	010－82501766（邮购部）	010－62514148（门市部）	
	010－62515195（发行公司）	010－62515275（盗版举报）	
网　　址	http://www.crup.com.cn		
	http://www.ttrnet.com（人大教研网）		
经　　销	新华书店		
印　　刷	北京宏伟双华印刷有限公司		
规　　格	185 mm×260 mm　16 开本	版　次	2012 年 2 月第 1 版
印　　张	13.75 插页 1	印　次	2012 年 2 月第 1 次印刷
字　　数	252 000	定　价	29.00 元